日本の「失われた25年」が、「30年」になろうとしている。

という論評それ自体は、よく見かける。だが、その失われた25年は「**なぜ**」**失われたのか？**　について、納得のいく説明を、読者の皆さんは読んだことがあるだろうか。原因は何なのか、ご自分の言葉で説明できるだろうか。

何がまずかったのか？　その原因を正しく認識しなければ、適切な手を打つことはできない。そしてそのまずい状況は、今も続いている。

図表0・1をご覧いただきたい。日本の名目GDPを、比較対象としてのアメリカ・ドイツとともにプロットしたグラフである。2000年を1・0として重ねてあるので、値の大小には意味がなく、**折れ線の角度**（傾き）だけに着目していただきたい。

日本の1990年代半ばまでの経済成長の角度にはまさに目を見張るものがある。しかしそれ以降の停滞もまた顕著であることがひと目で分かる。一方アメリカやドイツはというと、90年代までの伸びは日本ほどではないものの、それ以降も一貫して成長している。2章で詳述するが、他の欧米諸国もこの傾向は同じだ。

2000年前後の日本に何が起きたのか？　**あるいは「起きなかった」のか？**

図表0.1 日本、アメリカ、ドイツの名目GDPの伸び
(2000年＝1.00として重ね合わせた図)

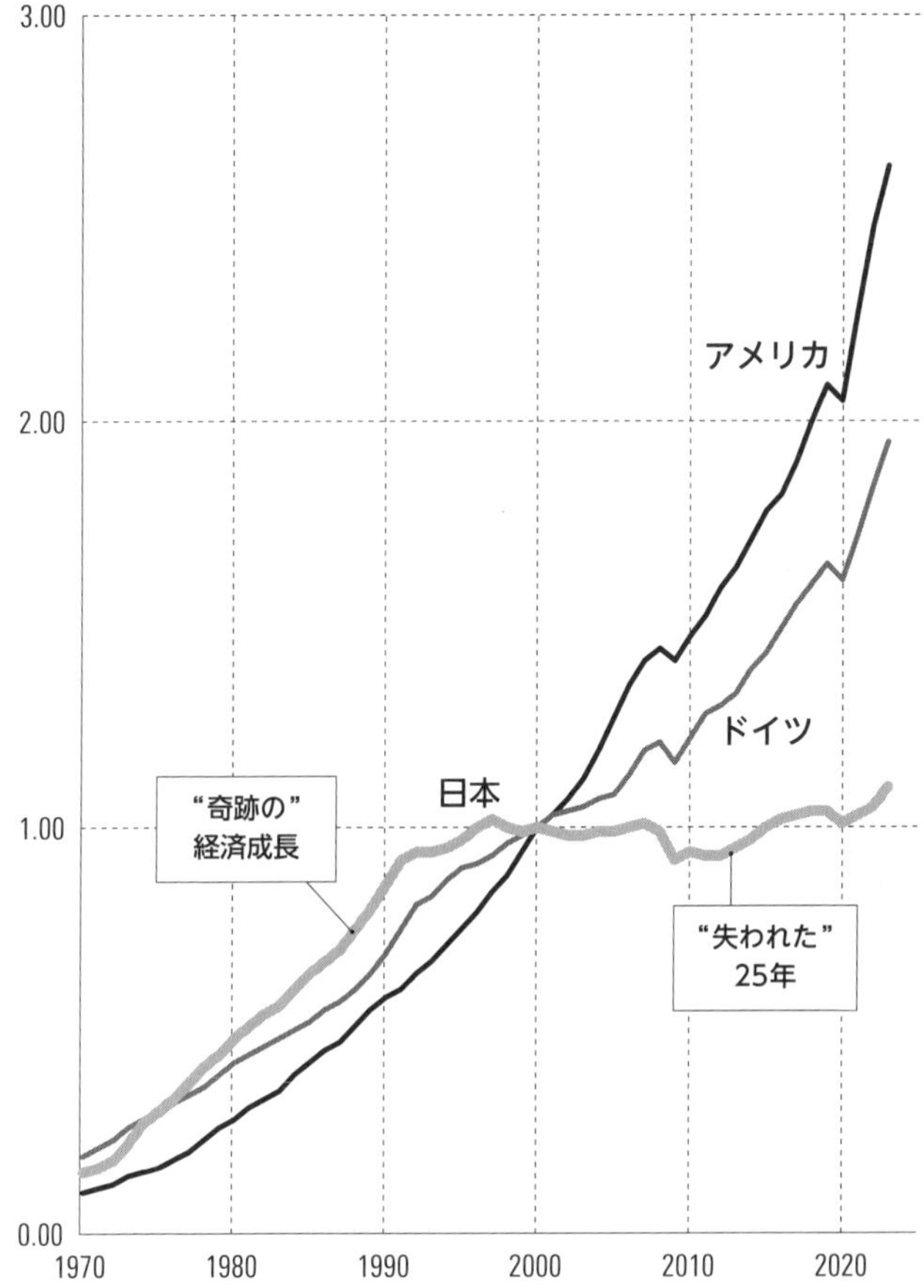

日本は2000年前後を境に成長が止まった。

出典：OECD.Statのデータを基に筆者作成

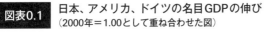

ほぼゼロ成長が25年も続いた結果、現在の日本の置かれた状況は厳しい。**経済的に言えば、日本はもはや、先進国ではなくなりつつある。**日本人はみな真面目に、頑張って働いているが、**頑張り方が間違っているのでは、**と考えるべき時期に来ている。

何が間違っているのか？　それは**「ホワイトカラーの働き方」**、より正確に言えば企業・組織による**「働かせ方」である。**一人ひとりの人間性が尊重され、最大のパフォーマンスを発揮していきいきと働ける、そうした環境が実現できていないのだ。

トヨタ生産方式に代表されるカイゼン文化によって、生産性を高め、現在に至るまで日本企業を支えている「ブルーカラー社員の現場力」に対し、**日本のホワイトカラー社員は「グレーゾーン業務」、つまり顧客価値にあまり影響がない社内業務や調整業務に多くの時間を費やさざるを得なくなっている。**

ホワイトカラーの生産性が低い、という一般的な認識だけはあるが、**「なぜ低いのか」**を本質的に考えてこなかったし、「ではどうしたらよいのか」についても、多くの経営者や有識者、学者、政府、マスコミは明快な解を提示してこなかった。

いくら長時間、熱心に働いたところで、**それが顧客価値につながっていない**のであれば、生産性が低いのは当然である。

・ちなみに、「働き方改革」なる、官民挙げての一大キャンペーンがあったが、残念ながら不発だった。なぜなら、単に「残業時間を減らせ」との掛け声だけで、**「どのように」**減らすのか？　を示さなかったからだ。

ではその間、諸外国はどうしていたのかというと、日本とは異なりホワイトカラーがグレーゾーン業務に勤しむことを許されなかったため、結果として生産性を高め続けてきた。自社のホワイトカラー社員たちの共同作業に**「デジタルな自働機械」**という**ゲタを履かせ**、**全体最適**を実現して、より効率よくアウトプットを出すという**組織能力**を、25年かけて、徐々に高めてきたのだ。

日本の企業リーダーが好んで口にする**「現場力重視」「人中心」**は、デジタル化が進んだ21世紀のホワイトカラーにおいては**「マネジメント不在」とほぼ同義**になり得る。**ボトムアップな「ヒトの現場力」とトップダウンの「全体最適の追求」、両方の合せ技が必須**な時代なのだ。ホワイトカラー社員たち個々人がサボっているわけではない。**経営者が働かせ方を間違っている**のである。

民間企業だけでなく、**政府・自治体・学校などの組織も状況はまったく同じ**だ。

組織のリーダーたる皆さんは、このことをはっきりと認識しなくてはならない。そして皆さんの部下たちのために、責任を果たさなければならない。

現場で真面目に、懸命に働いているホワイトカラー社員たちは、自ら「この作業はやめましょう」と言うわけにはいかない。**「やめていい」「全体視点・顧客視点で変えていこう」と言えるのは、その組織の責任者だけ**なのだ。

なぜ、ブルーカラーの現場ではうまく行った仕事のやり方が、ホワイトカラーではうまく行かないのか？　それは、**ブルーカラーとホワイトカラーは、仕事の性質が根源的に違う**からだ。ブルーカラーは主に「一定の品質の・多数の・モノ」を扱う職種であるのに対し、ホワイトカラーは主に「できるだけ有用な・ひとつの・情報」を扱う職種であって、そのアウトプットの出し方もまったく違う。

したがって**ブルーカラーに有効だった方法論、たとえば現場主導のカイゼンをホワイトカラーにそのまま当てはめても、成果が出るとは限らない**のである。

では、どうしたらよいのか？　ホワイトカラーの仕事の性質に合った方法論を適用すればよい。本書ではそれを**「日本型ＢＰＲ ２・０」**と呼ぶことにする。ＢＰＲ、ビジネス・プロセス・リエンジニアリングは2000年前後に世界を席巻したが、日本ではほとんど実践されないまま今日に至っている。これを改めて、日本のホワイトカラーに適用していくのが本書の主旨である。

本書の1章では、『トヨタ生産方式』の著者・大野耐一氏と、経営学の巨人ピーター・ドラッカー氏、2人の慧眼が見通していた**生産性向上のカギ**についてまず理解する。

2章は、日本の置かれた現状をさまざまな角度から振り返る。日本だけが**「過去のやり方」**を続けているから、経済が「横這い」なのである。

3章では、日本が世界から取り残される原因となった、**デジタルによるホワイトカラーの生産性革命**について深掘りしていく。「紙とエンピツ」から「PC」に切り替わった際に、**価値がゼロになってしまった業務**がたくさんあるのだ。

4章では、デジタル化によって、**「部分最適の積み上げ＝全体最適」ではなくなってしまった**ことについて見る。日本のカイゼン文化がもたらした「部門システムの大発展」が、全体最適視点ではむしろ足かせになってしまったのだ。

5章では、**ホワイトカラー業務とブルーカラー業務の本質的な違い**を理解する。ホワイトカラー業務の4つの性質と向き合わなければ、生産性は向上させられない。

6章ではさらに、**なぜ今のやり方ではホワイトカラー業務のカイゼンが進まないのか？**について示す。日本のホワイトカラーの構造的な問題を無視して「現場力」に丸投げするのは、思考停止に他ならない。

そして7章では、日本企業が実践するべき、**「日本型BPR 2・0」**の実践イメージについてまとめる。期間限定のプロジェクトではなく、**経営陣が本腰を入れて「仕組み」で取り組む**のでない限り、日本企業の復活はない。

本書は、多くの方にとって**心地よいものではない**かもしれない。しかし今それをやらなければ、日本の失われた25年は、単に30年、40年に延びる。

逆に言えば、本書の内容を叩き台として、皆さんや皆さんの組織のリーダーたちが自分たちの状況を見つめ直し、課題を認識し、その解決に取り組み始めれば、**会社は必ず変わっていく。**それが積み上がれば、**日本も必ず変わっていく。**

そう確信しているのには理由がある。非常に単純なことだ。アメリカ、ドイツを始めとする諸外国はそれをすでに実行し、その結果としてこの25年間も経済成長を続けているからだ。実は、**本腰を入れて実践していないのは日本だけ**なのである。ということは、現状の問題を正しく認識し、諸外国の実践から学び、それを適切に取り込むことができれば、日本をまた成長軌道に乗せることは可能である。筆者はそう確信している。

日本の企業・政府自治体・社会のリーダーたるみなさんが本書から一つでも多くの「気づき」を得、自ら考えて、具体的なアクションを起こしていただくことを願う。

※本書においては「ブルーカラー」と「ホワイトカラー」は単なる職種の違いであり、どちらかが上／下だという見方は一切していないことを念のため付記する。

Contents

Contents

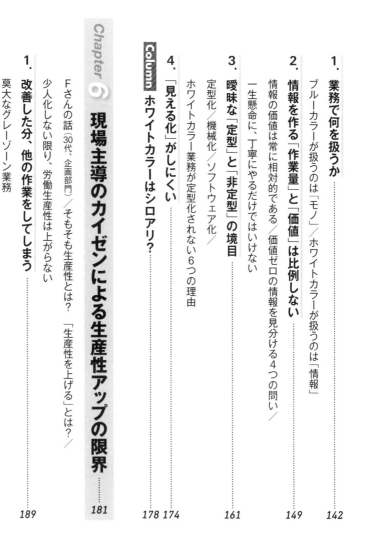

Contents

生産性のカギは「人間性の尊重」

Chapter

1

Aさんの話（40代女性、工場ライン作業者）

私はある大手製造業の本社工場で、自動車部品の生産ラインで働いています。高校を出て、地元のここに就職し、勤続20年を超えました。勤務中はずっと立ちっぱなしなので体には少々こたえるようにはなりましたが、通勤はクルマで15分だし、給与も休日も安定しているし、職場の雰囲気もいい。ここの仕事には満足しています。

工場にはときどき、視察のお客様が来られます。今日も、うちの班長がちょっと誇らしげに説明していました。

「この工程は、昨年までは5人で担当していたのですが、とあるカイゼンの工夫が実って、現在では3人でやれるようになりました。新しい方式にもう少し習熟すれば、年内には2人でやれるようになる見込みです」

そうなんですよ、私が提案したカイゼン案のおかげで、3人でやれるようになったんです。このカイゼンはQC活動で表彰され、工場長からも「トヨタ生産方式を実践し、少人化を進めた」と褒められて、私もちょっぴり誇らしいです。

余った2人はクビになったのか、ですって？　まさか、とんでもない。2人は今は同じラインの他の工程にいます。ずっと以前から「多能工化」が行われていて、私も20年で6つくらいの工程を経験していますから、どの工程に移っても問題はありません。

今ラインに勤務しているのは、10年前に隣にできた第2工場を合わせて700人くらいです。でも私が入社した時も700人だったから、生産量は2倍でも、人数は20年以上、増えていないということになりますね。カイゼンの成果ですね！

でも、ちょっと気になることはあるんです。本社も同じ敷地内にあるんですが、事務棟も2つに増えていて、こちらは人数もほぼ2倍になっているんです。どうして分かるのかって？　駐車場を見ればおおむねの社員数はわかりますから。確かに20年前と比べて、売上は2倍になっていますが、人も2倍ではねえ……会社としての利益率はむしろ下がっていて、私たちのお給料もあまり上がっていないので、昨今のインフレは家計にはちょっと苦しいです。

事務職はカイゼンしないのかしら？

「御社の競争力を支える要素のひとつは『ヒトの力』『社員の現場力』である、と思われる方は手を挙げていただけますか？」

日本企業の方にこう問いかけをすると、ほぼ万遍なく手が挙がる。これは大企業と中小企業、製造業とサービス業、ホワイトカラーとブルーカラー、経営層から現場社員まで、ほとんど差がない。

現場力とカイゼンこそが日本の強み

「日本企業の強みは『ヒトの力』『現場力の強さ』にある」と、誰もが、当然のことであるかのように口にする。

実際、高度成長期から90年代までの40年以上にわたり、それは紛れもない事実だった。人口ボーナスのもと、大量に供給され続けた日本人労働者の「優秀さ・勤勉さ」「長時間勤務もいとわない労働観」「在職期間の長さによるノウハウの蓄積」を前提に、QC活動やカイゼンを奨励して現場社員に考えさせ、現場力を最大限に発揮させる。

これこそが**「日本的経営」の正解**であり、日本を世界第2位の経済大国に押し上げた原動力、いわば世界最強の「勝利の方程式」であった。

この時代は世界的に、**ブルーカラーの生産性が競争力の源だった。**一般に海外では、肉体労働が主流で賃金が安いブルーカラーの職場は労働者のモチベーションを上げづらく、よってあくまで「労働力」として「管理」するのが主流だったのに対し、日本の現場は、まさに冒頭のAさんのように、**ブルーカラーを「考える力」と「改善意欲」を持った最重要な人的資本**として扱ったことで、生産性を継続的に改善し続けていった。

とくに製造業においては、ブルーカラーの現場力の強さが品質や歩留まりの向上に直結した。だからこそ、現場が強い日本製造業は「ジャパン・アズ・ナンバーワン」と称されるまでになった。その**現場力は現在に至るまで脈々と受け継がれている。**

非製造業でも、たとえば鉄道、スーパーマーケット、コンビニ、医療、旅館やデパートの接客、テーマパークなど、幅広い業種で現場力が発揮されて日本社会を支え、また来日観光客を驚嘆させ続けている。

また**90年代までは、ホワイトカラーにおいてもヒトの現場力は有効だった。**とくに、定型的な処理をこなす「事務職」と呼ばれたホワイトカラーは、働く場所こそオフィス内でもその仕事内容はブルーカラーと大差なかったから、**一般ワーカーによるカイゼン**がオペレーショナル・エクセレンスを実現していった。

およそ日本全国、現場主導のカイゼンを否定的に言う人はまずいないだろう。

カイゼンは優れた手法である。
カイゼンこそが、良い現場、強い現場をつくる。
カイゼンを継続していけば、会社は必ず良くなっていく。
カイゼンさえやらせていれば、必要十分である。

……と、あなたも考えておられるのではないだろうか。明示的にでなくても、漠然と、「カイゼンこそが日本の（そして自社の）競争力の源泉だよね」、と感じていないだろうか。

カイゼンを否定する人は誰もいない。そのくらい、カイゼン文化は日本企業に広く深く浸透しているし、今後もそれを研ぎ澄まし継承していくべきだ。

日本発のカイゼンは世界にも広く普及している。試しにグーグルの画像サーチで「Kaizen」と検索してみてほしい（右下のＱＲコードをスマホのカメラで読み取ってもＯＫ）。「改善」という漢字、あるいは「KAIZEN」という英単語が混ざった画像が数限りなく

グーグルの画像検索「Kaizen」（上記QRコード）
https://www.google.com/search?q=kaizen&tbm=isch

出てくることに驚かされるだろう（ちなみに、画像を含むグーグル検索全体でのKaizenのヒット数は、執筆時点で約3290万件）。

日本発のビジネス用語（概念）として、カイゼンほど広く知られている単語は他に無いのではないだろうか。

……と書いたばかりで恐縮だが、実はもっと広く知られている日本発のビジネス用語がひとつある。「Toyota Production System」つまり**トヨタ生産方式**である（こちらのグーグル検索ヒット数は、執筆時点で約1億1700万件）。

トヨタ生産方式とは

トヨタの工長から叩き上げ、副社長にまでなった大野耐一氏が記した名著『トヨタ生産方式 ～脱規模の経営をめざして』は、1978年（昭和53年）に出版されて以来、現場カイゼンのバイブルとして読み継がれている。英語、中国語、韓国語、ドイツ語、フランス語、スペイン語、イタリア語、ポルトガル語、ロシア語などの言語にも翻訳され、世界中で読まれている（図表1・1）。

大野耐一（おおの たいいち、1912年2月29日～1990年5月28日）は、日本の技術者、経営者である。トヨタ自動車工業の元副社長。かんばん方式など生産管理のあり方として世界的に有名となった〝トヨタ生産方式（Toyota Production System、略称TPS）〟を体系化した人物である。その業績により、日本自動車殿堂と米国自動車殿堂の両方で殿堂入りしている。（Wikipediaより）

このあまりに有名なトヨタ生産方式は、トヨタの、さらには高度成長期における日本製造業の成功の原動力とされ、世界中の注目を集めてきた。トヨタ生産方式を研究し、それをさらに発展させた「リーン生産方式」（ムリ・ムラ・ムダのない生産現場をつくる手法）も世界中で取り入れられている。

自動車業界のみならず、あらゆる製造業、さらにはサービス業の現場まで、「トヨタ生産方式に学んでカイゼンを実施し、生産性を向上させた」という企業は枚挙にいとまがない。たとえば最近では、新型コロナウイルスのためのワクチン接種会場において、その処理能力の向上のために、トヨタ生産方式が活用された（図表1・2）。過去に遡れば、あなたの会社も取り入れたことがあるのではないだろうか。

出典：Wikipedia「大野耐一」
https://ja.wikipedia.org/wiki/%E5%A4%A7%E9%87%8E%E8%80%90%E4%B8%80

図表1.1 大野耐一著『トヨタ生産方式 ～脱規模の経営をめざして』(ダイヤモンド社、1978年)

『トヨタ生産方式』: https://www.amazon.co.jp/dp/4478460019

図表1.2 ワクチン集団接種会場の運営のカイゼンに「トヨタ生産方式」を活用(トヨタイムズ)

トヨタイムズ: https://toyotatimes.jp/toyota_news/034.html

この『トヨタ生産方式』は文字通り歴史的な名著なので、読んだことがある方も多いだろうし、そうでない方はぜひ一度通読されることをお勧めしたい。1978年の出版とは思えないくらい普遍的・本質的であり、フィジカルな現場におけるその価値は今も変わっていない。

しかしここでは、昔読んだが忘れてしまった、あるいはまだ読んでいないという方のために、原著からの引用を交えつつ、大野氏がまとめたトヨタ生産方式の要点をご理解いただけるようにしたい。

結論から言ってしまうと、**トヨタ生産方式の中核は「ジャスト・イン・タイム」と「自働化」である。**これについては大野氏自身が書籍の冒頭で次のように記述している。

トヨタ生産方式の基本思想は「徹底したムダの排除」である。しかも、つぎのようなそれを貫く二本の柱がある。

（1）ジャスト・イン・タイム

（2）自働化

ジャスト・イン・タイム

「ジャスト・イン・タイム」とは、たとえば、一台の自動車を流れ作業で組み上げてゆく過程で、組付けに必要な部品が、必要なときにそのつど、必要なだけ、生産ラインのわきに到着するということである。その状態が全社的に実現されれば、少なくともトヨタ自工においては、物理的にも財務的にも経営を圧迫する「在庫」をゼロに近づけることができるであろうと考えたのである。

ジャスト・イン・タイムについては、製造業のラインに土地勘のある方はもちろん、そうでない方にとっても比較的イメージしやすいだろう。流れ作業で自動車の組み立てを行っていくからには、ボディに組み付ける部品がそこに届いていなければならない。

ところが自動車のように、1台ごとに細かい仕様が少しずつ異なるバリエーションが多くある、いわゆる「多品種少量生産」の場合、それを実現すること自体が容易ではない。

部品なのだから、あらかじめ多めに在庫しておいて、順番に使っていけばいいと思われそうだが、その「多めの在庫」があらゆる意味で経営を蝕んでいく元凶であることは、今やビジネスパーソンの間では常識であろう。そして自動車の場合、部品一点一点が大きいので、置いておくスペースがない、ということもある。

そして昨今の半導体不足によってあらためて認識されたことだが、2万〜3万点あると言われる自動車の部品は、たとえ1つでも不足していれば、即座に生産全体がストップしてしまう。部品の組み付けにも手順があり、後からその部品だけ取り付ける、というわけにはいかないから、ただ1点の欠品も許されないのである。

よって自動車製造においては、この部品のサプライチェーンはごく厳密に組み上げられており、これを機能させるための具体的な工夫として、有名な「かんばん方式」や「後工程引き取り」などの取り組みが行われてきた。

自働化

トヨタ生産方式のもう一つの柱とは「自働化」である。「自動化」ではない。ニンベンの付いた「自働化」である。〈中略〉

「ニンベンのある自動機械」の意味は、トヨタでは「自動停止装置付の機械」をいう。トヨタのどこの工場においても、ほとんどの機械設備には、それが新しい機械であれ古い機械であれ、自動停止装置が付いている。〈中略〉**機械に人間の知恵が付けられてあるのだ。**

この自動機にニンベンをつけることは、管理という意味も大きく変えるのである。すなわち人は正常に機械が動いているときはいらずに、異常でストップしたときに初めてそこへ行けばよいからである。だから一人で何台もの機械が持てるようになり、工数低減が進み、生産効率は飛躍的に向上する。

「ニンベンのついた自働化」とは、「**機械に人間の知恵を付けたもの**」であると大野氏は言う。つまり機械は、正常なときは勝手に自動で働いており、異常があると自動的に止まる。よって正常に動いている限り人間は何もする必要はなく、ただ見守り、異常があったときだけそこへ行けばよい。

トヨタの現場では生産設備にこのような自動停止装置がついており、それが最大のポイントのひとつである、というのだ。一見、当たり前のことにも聞こえる。不良品が大量に作られてしまったら大変なことになるのだから。

※以下、引用部分の太字はすべて筆者による

少人化

だが筆者の見るところ、トヨタ生産方式の真価は、「自働化」によって「少人化」（より少ない人数で仕事を達成する）を実現することにあり、そして**少人化の目的は「生産性の向上」および「人間性の尊重」である、という考え方**にある。

この「少人化」については、原著でもさまざまな記述がされている。少人化というと「人員削減」と同一視されやすいことなど、いずれも重要かつ示唆深いので、ぜひ原著をあたっていただきたいが、ここではほんのいくつかのキーワードを引用する。

人間の能力を十分に引き出して、働きがいを高め、設備や機械をうまく使いこなして、徹底的にムダの排除された仕事を行なうというごく当り前の、それでいてオーソドックスかつ総合的な経営システムが要請されている。

大野氏は「機械化→自働化→省人化→少人化」という考え方を示している。

高性能の大型機械を導入すると、人間の力を省く、つまり「省力化」は実現できる。しかし、より重要なのは、その機械によって人を減らし、必要な部署に回してやることである。「省力化」して工数がたとえば〇・九人分減っても意味がない。一人が減ってはじめて原価低減に結びつくので、「省人化」を達成しなければならない。

トヨタ自工ではさらに新しい目標が設定された。「少人化」である。「省人化」を目ざして「自働化」を進めてきたが、減産になったとき、生産量の減った分に比例して人を抜けない。これは「自働化」が定員制になっているからである。低成長時代には、この定員制を打破して、生産必要数に応じて何人ででも生産できるラインをつくり上げるよう、知恵をしぼる必要がある。これが「少人化」の狙いである。

そしてここでは大野氏に加えてもう一人、トヨタ生産方式のエキスパートの発言をひいてみたい。豊田章男氏である。

豊田章男氏の解釈

トヨタ自動車の社長を14年務め、２０２３年に会長に就任した豊田章男氏は、キャリアの中で生産調査部（トヨタ生産方式の定着を指導する部門）にいたこともあり、自身ＴＰＳのエキスパートであるが、トヨタの自社メディア「トヨタイムズ」にて以下のように発言している。

〝トヨタ生産方式〟豊田章男の解釈「自働化」

要はトヨタのニンベンのついた「自働化」というのは…、私の解釈ですよ…、私の解釈は〝やっぱりヒト中心〟にしてくれってことなんです。〈中略〉

１日24時間というのは、誰に対してもイコールに与えられた条件です。その中を、皆さんにも家庭があります。そして、プライベートもあるでしょう。ところが、会社というものに対しても本当に多くの時間を費やしてくれています。

そうだったら、意味のある仕事をさせるのが上司の仕事じゃないですか。そういうのを徹底的に追求しているのがトヨタの生産現場です。

“トヨタ生産方式” 豊田章男の解釈 2020.08.26
https://toyotatimes.jp/spotlights/091.html#index03

「付加価値をつける仕事をどんどん増やしていこう」、「単に〝手待ち〟とか、単に〝やり直す〟とか、そういうような仕事はどんどんやめさせてあげよう」ということです。

だから「ヒト中心ですよ」ということだけは、私の解釈ですけど…、ぜひ皆さんに考えていって欲しいなというふうに思います。

豊田氏の発言をもうひとつ紹介する。

トヨタ生産方式の2本柱は「ジャスト・イン・タイム」とニンベンのついた「自働化」。「自働化」は、まさに「人のために」。「人間尊重」ということ。〈中略〉もう一つの柱は「ジャスト・イン・タイム」。ジャスト・イン・タイムを詰めていくということを言い換えれば、リードタイムを究極に短くしていくとゼロになるということ。その仕事自体が必要なくなれば、一番のジャスト・イン・タイム。ただ、ゼロにはならない可能性があります。だけど、手待ちとか手戻りは省こうよと。ゼロになれば、その仕事はやめて、他の仕事をすればいい。そこまで続けるということ。

トヨタ春交渉2021 #3「トヨタ生産方式」2021.03.10
https://toyotatimes.jp/report/roushi_2021/004.html#index02

TPSの根幹は「人間性の尊重」

大野耐一氏と豊田章男氏に共通するのは、**「トヨタ生産方式の根幹は人間性の尊重である」という理念**である。

実のところ、**TPSは決して労働者にやさしい（甘い）仕組みではない。むしろ、非常に厳しい考え方である。**ただでさえ、機械化された生産ラインでは〝機械的〟な、つまり非人間的な動き方を余儀なくされる。「標準作業手順」と「タクトタイム」が設定され、同じ作業を最小限の動作でこなすことによって、品質を維持しつつ作業時間の短縮を目指すことになる。

そのうえ**常に「少人化」を目指し、余った人員が出れば「他の仕事をしてもらう」ことを是としている。**そのために**「多能工化」**を普段から進めており、自分の得意な領域にとどまることを許されない。

他の仕事をしてもらう、といえば多少聞こえはよいが、目指しているのは生産性の向上、つまりは人員数の削減による原価低減である。そしてこれは、余った人員を解雇するのではなく「他の仕事」に回すことができる、つまりずっと成長を続けているトヨタだからこそできることでもある。

社員の雇用を何より重視するトヨタが、一方でなぜここまで〝やさしくない〟手法をとるのか？

トヨタがとくに日本国内においては**雇用の維持を第一に考えている**ことは広く知られている。豊田氏は「国内生産３００万台体制は石にかじりついてでも死守する」と繰り返し述べている。トヨタ本体のみならず、そこに連なる膨大なサプライヤー（トヨタでは「お取引先様」と呼ぶ）で働く人たちの雇用を守ることがトヨタの使命だと考えているのだ。

ところが一方で、トヨタ生産方式は、大野耐一氏の時代から「少人化」を是としている。これはなぜだろうか？**「雇用の維持」と「少人化」はなぜ矛盾しないのか？**

厳しいWIN―WIN

人間には、付加価値の高い仕事をし、さらにその付加価値を上げていこうと努力する、という意欲と能力がある。ところが**管理者の側が、それを発揮させず、付加価値の低い仕事をさせ続ければ、それはまさに人間性を尊重していないことになる。**

そして、社員に生産性の低い仕事をさせ続ければ、結局は企業としての生産性そして収益性も低いままとなり、企業は社員に十分な給料を払うことができなくなる。長期的には、雇用も維持できなくなる。これも人間性の尊重にもとる、とトヨタは考えているのだ。

トヨタ生産方式とは、「少人化」という圧力を現場に常に与え続け、トヨタの競争力を上げ続けることが、結果として労働者の雇用を維持し、給料を上げることにもつながる、という、いわば**「厳しいWIN―WIN」を目指すしくみ**なのだ。

そしてそれは同時に、**「他の仕事」が常にある、つまり常に成長し続けていることが前提であるという意味で、経営者に対しても厳しい要求を突きつける。**少人化させせながら、「他の仕事」が用意できなければ、解雇するしかない。**つまり従業員と経営者がともに「厳しいWIN-WIN」にコミットする、のがトヨタ生産方式の本質**なのである。

大野氏も以下のように述べている。

トヨタ生産方式は余剰人員をはっきりと浮き出させるシステムでもある。このことから、トヨタ生産方式は、首切りの手段として使うものではないかと、疑心暗鬼の労働組合もあると聞いているが、根本の考え方はそんなケチなものではない。**経営者にとっては、余剰人員をはっきりとつかみ、有効に活用することがその任務である。**景気がよくなり増産が必要な際には人を採用して対処し、不景気になるとレイオフや希望退職を募るという事態に陥ることは、経営者として厳に慎しまねばならぬことである。一方、**作業者にとっても意味のないムダな作業を除くことは一人一人の働きがいを高めることに通じる。**

そして実際、トヨタ生産方式によって、トヨタは世界一の自動車メーカーになり、世界のあらゆる製造業および非製造業の手本となった。ワクチン接種会場まで含め、少なくともブルーカラーが働く現場においては。

大野氏は以下のようにも述べている。

「動き」を「働き」にする

いくらよく動いても、働いたことにはならない。「働く」とは工程が進み、仕事ができ上がることで、ムダが少なく効率の高いことである。**管理監督者は部下の「動き」を「働き」に変える努力をしなければならない。**

ではここでもう1人、ビジネス界の巨人に登場いただく。ピーター・ドラッカーである。

ドラッカーの洞察

ビジネスとマネジメントを鋭く洞察した経営学の泰斗、ドラッカーの功績については、いまさら説明するまでもないだろう。

またドラッカーは、日本的経営に対して並々ならぬ敬意を抱いていたことも広く知られている。とくに、工場で働く労働者を単なる肉体労働者として捉えるのでなく、考える力とカイゼンの意欲を持った「知識労働者」として扱うことによって、ブルーカラーの生産性を飛躍的に伸ばした日本の製造業に対して、だ。

ドラッカーは2005年に没し、現在のデジタル革命は目撃していない。その最晩年の著作ではEC（電子商取引）については言及しているが、たとえば生成AIのようなデジタル技術が、企業のマネジメントに与える影響については知る由もない。

だがそうしたデジタル時代においても、マネジメントが人間の営みである点には変わりはなく、ドラッカーの洞察が当てはまる点は多い。本書では随所でドラッカーの著作からも引用していくが、ここでは最も重要なポイントを挙げる。

マネジメントは、生産的な仕事を通じて、働く人たちに成果をあげさせなければならない。

仕事と労働（働くこと）とは根本的に違う。

仕事をするのは人であって、仕事は常に人が働くことによって行われることはまちがいない。しかし、仕事の生産性をあげるうえで必要とされるものと、人が生き生きと働くうえで必要とされるものは違う。〈中略〉**働く者が満足しても、仕事が生産的に行われなければ失敗である。逆に仕事が生産的に行われても、人が生き生きと働けなければ失敗である。**

生き生きと働く、とは、まさに人間性が尊重され、働きがいが高まった状態のことを指すのであろう。

ブルーカラーの働き方を体系化した大野氏と、ホワイトカラー（知識労働者）の働き方について洞察したドラッカーが、奇しくも同じことを唱えている点は興味深い。

だが、日本のホワイトカラーの現場はどうなのだろうか？

ではホワイトカラー職場は？

冒頭のAさんの述懐を引くまでもなく、日本のホワイトカラー職場において「少人化」、つまり**人数を減らすことで生産性を向上させようという意識**が徹底されているという話はあまり聞いたことがない。**経営者が「厳しいW-I-N-W-I-N」にコミットし、**

出典：『マネジメント[エッセンシャル版] - 基本と原則』（ピーター・F・ドラッカー、2001年、ダイヤモンド社）https://www.amazon.co.jp/dp/4478410232/

「生産性が上がったら他の仕事をしてもらう」という運用も聞かない。

あなたの会社ではどうだろうか？　少人化によって、ホワイトカラーの生産性を向上させつつ、勤労者の人間性をさらに高めようとしているだろうか？

むしろ「とんでもない、今でさえ人手不足で、現場は青息吐息なのに、少人化なんて」という印象をお持ちではないか。あるいは、以下のような印象はないだろうか。

・業務が属人化していて、その人が抜けると仕事が回らない
・「多能工化」どころか、「私はこの仕事しかできません、他の仕事に回されるのはクビになるも同然です」という事務職が大勢いる
・効率化すると私の仕事がなくなる、という理由で反対する社員もいる
・そもそも人を減らすなんて、日本の労働慣行として、できるはずがない

ブルーカラーもホワイトカラーも、同じひとつの会社の中で働いている同僚である。にも関わらず、この違いはいったい何なのだろうか？　そして少人化と人手不足、この矛盾を解消することはできるのだろうか？

本書ではこれを順に解き明かしていく。
だがその前に、まずは次章で、日本が置かれた現状をあらためて確認していこう。
ドラッカーはこうも言っている。

誰でも完全な失敗を捨てることはむずかしくない。完全な失敗は自然に消滅する。ところが**昨日の成功は、非生産的となったあとも生き続ける**。もう一つ、さらに危険なものがある。**本来うまくいくべきでありながら、なぜか成果のあがらない仕事**である。

成果をあげる者は、新しい活動を始める前に必ず古い活動を捨てる。
古いものの計画的な廃棄こそ、新しいものを強力に進める唯一の方法である。
私の知るかぎり、アイデアが不足している組織はない。創造力が問題ではない。そうではなく、せっかくのよいアイデアを実現すべく仕事をしている組織が少ないことが問題である。**みなが、昨日の仕事に忙しすぎる。**

今の日本に、これ以上に当てはまる言葉があるだろうか。

出典：『プロフェッショナルの条件』（ピーター・F・ドラッカー、2000年、ダイヤモンド社）
https://www.amazon.co.jp/dp/4478300593/

日本の置かれた現状

Chapter

2

Bさんの話（30代、IT企業勤務）

当社では、添付ファイルつきのEメールを社外に送信するときは、同僚の「**指差し確認**」が必要、というルールになっています。言っている意味、分かりますか？

まず添付ファイルは、セキュリティ的にはまったく意味がないと悪名高き「PPAP*」します。次に、近くに座っている誰か（同僚Aさん）に、私のところまで来て、メールの文面を見てもらい、OKとなったら、そのメールに「Aさん確認済」と書いて、まず上司に送信します。ここまでの「事前手続き」を済ませたら、同じメールを、あらためて、社外の方に送信してよい、というルールなんです。

本質的にはまったく意味がないことばかりです。何より、もし私が悪意を持ってあるデータを流出させようとするなら、「事前手続き」などせずにさっさと送ってしまうでしょう？

この件に限らず、とにかく**何でもかんでも「上司が部下のすべてを管理する」とい**

*PPAP：ファイルを暗号化してパスワードをかけたうえで添付し、そのパスワードは別メールで送る、というやり方。内閣府は2020年、セキュリティ対策としては不適切であるとして「脱PPAP」を推奨しているが、実際には日本企業では今も広く行われている

う建前になっています。管理職の人件費は固定費なので、時間はどれだけ使わせても実質タダ、という考え方なんですかね。でも管理職は皆、ただでさえ忙しいので、そんなことに時間をかけていられるはずがありません。**結局は何もチェックしていないのと同じ**です。あるいは実際にデータ流出事件が起きたときに「上司が確認するルールになっていたのですが」と言い訳をしたいのかもしれません。

そんな私の勤務先は、大手IT企業です。Eメールのセキュリティ・ソリューションも販売しています。「冗談だと思いますよね？　私も冗談だと思いたいです……。

巻頭の図表0・1（p3）で、2000年前後からほぼゼロ成長に陥っている日本と、それ以降も成長が続いている諸外国について見ていただいたが、もう少し詳しく見ていこう。

「横這い」ニッポン

図表2・1は、G7（主要7カ国）の名目GDPを、2000年との相対比較で表したものである。ご覧の通り、各国とも右肩上がりの成長を続けていることが分かる。リーマンショック（09年前後）と新型コロナ禍（20年前後）の落ち込みはあるが、全体としては順調で、**アメリカ・カナダ・イギリスは22年間で2倍以上。ドイツ・フランスが1・8倍前後**などとなっている。ところが日本は？　ご覧の通り、1・039倍。つまり22年前と比較して、**3・9％しか増えていない**のだ。

図表2・2は、国民1人あたりGDPの世界ランキング（米ドル建て）における日本の順位をグラフにしたものだ。**日本の過去最高ランクは2位（00年）**。それより前の90年代も、ほぼヒトケタ台前半にいた。しかし以後はご覧のような経緯をたどり、直近

図表2.1 G7の名目GDPの伸び（2000年＝1.00とした比較）

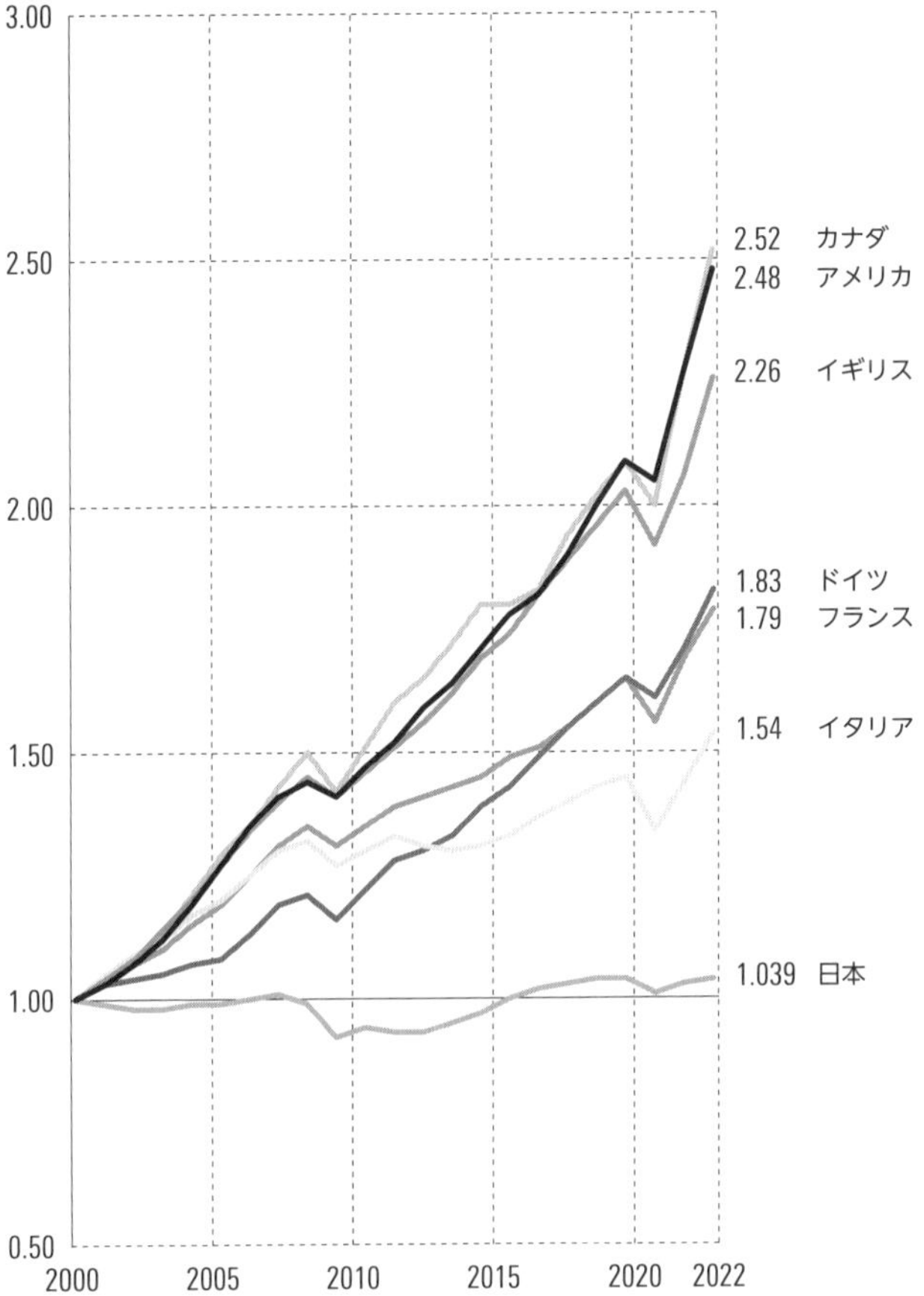

日本の名目GDPは2000年からの22年間で4％弱しか増えていない。その間、他のG7諸国は54～152％増えている。

出典：世界銀行の統計データを基に筆者作成

22年ではついに31位である。

これを順位でなく、実額でグラフにしてみたのが次の**図表2・3**だ。日本はとにかく22年間、ほぼ横這いなので、日本のグラフの上下動はほぼドル円レートの変動による（ことに22年度の円安による落ち込みは顕著だ）。一方で他の国がこぞって数字を上げているので、ランキングでは滑り落ちてしまったわけだ。

- ちなみに直近22年では、アメリカの7・6万ドルが目立つが、上にはさらにルクセンブルグ（12・8万ドル）やアイルランド（10・3万ドル）、スイス（9・2万ドル）などがいる。
- またアメリカを上回っているのがシンガポールで8・3万ドルに達しているが、00年ごろには日本よりはるかに下にいた。

1人あたりGDPは「赤ちゃんからお年寄りまで」の数値だから、高齢化が進む日本は不利では……と思われたかもしれない。では、日本が誇る**製造業の、就業者1人あたりの労働生産性**、ではどうか？　これならほぼ対等な比較と言えるだろう。

図表2.2 国民1人あたりのGDPランキングにおける日本の順位（米ドル）

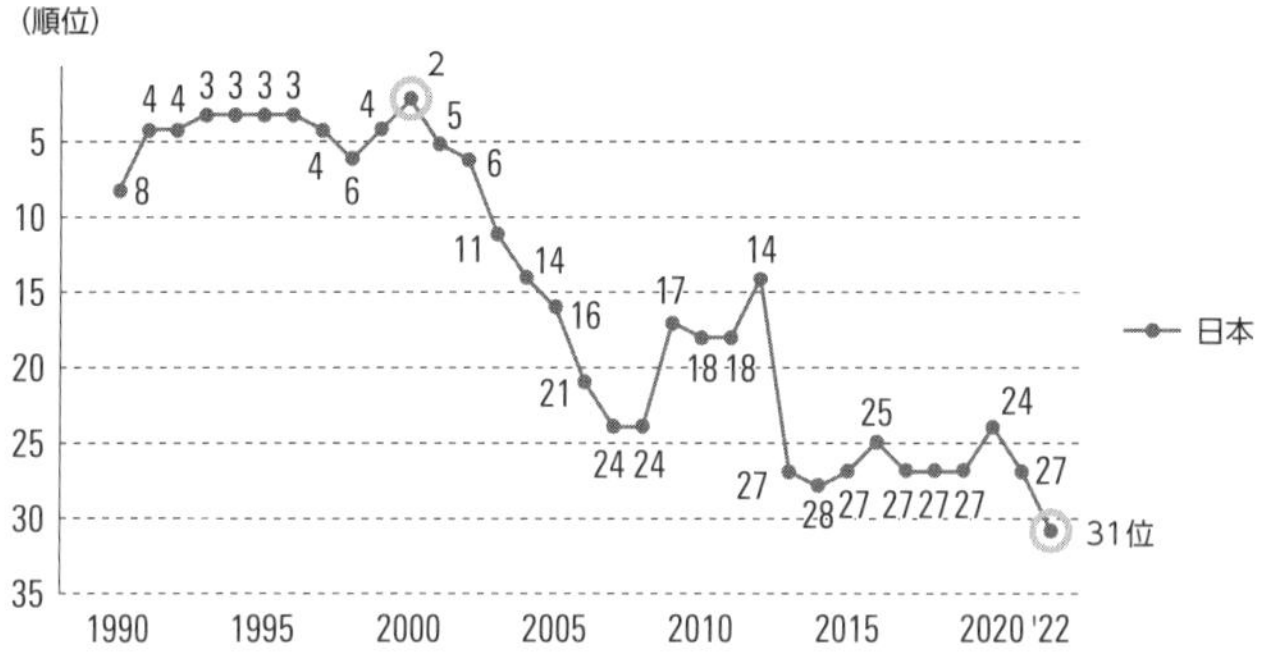

日本の「国民1人あたりGDP」は、2000年に世界2位になったのを最後に急落し、直近では31位。
出典：IMF統計を基に筆者作成

図表2.3 主要国の1人あたり名目GDP（米ドル）

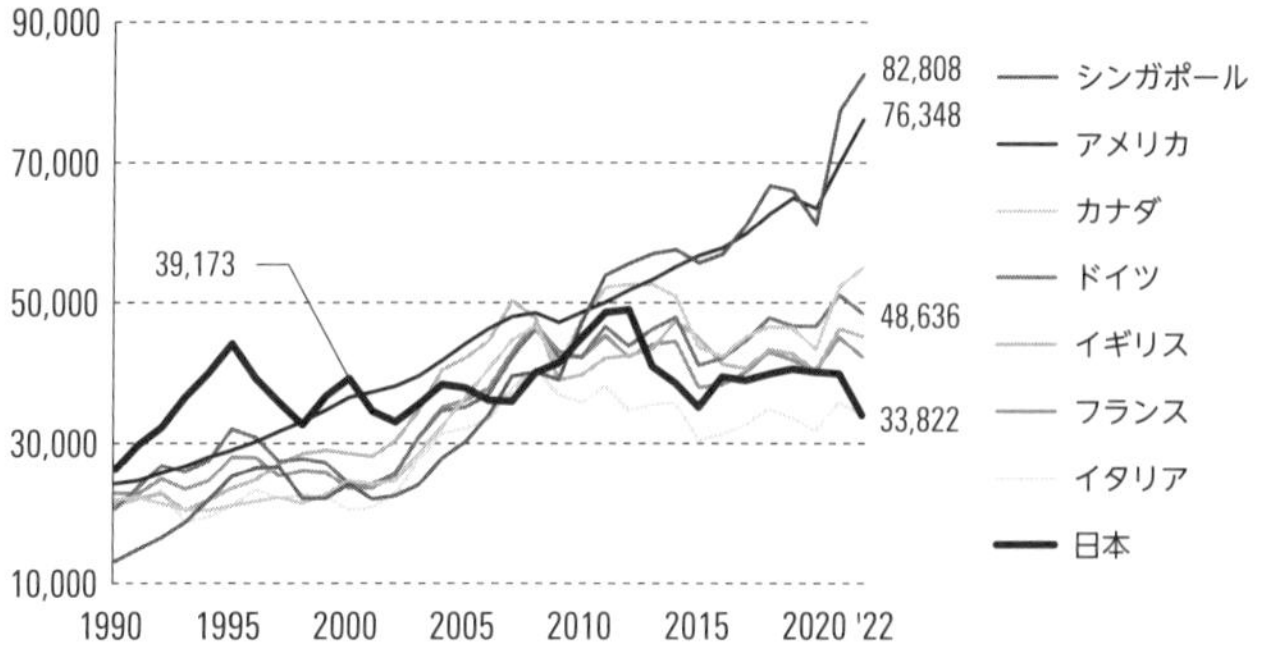

国民1人あたりGDPの推移を実額で見ると、日本は「落ちている」というよりは「伸びていない」。なおこの統計で1位はルクセンブルクの127,580米ドル。
出典：IMF統計を基に筆者作成

しかし残念ながら、構図はほとんど同じだ。**図表2・4**はOECD加盟国におけるランキングだが、日本は**00年は1位**。しかし以降はご覧のような順位をたどり、直近の**21年では18位**。

これも**図表2・5**で実額で見ると、日本の金額は8・7万ドルから9・4万ドルへ、7％ほど増えている。だが他国がもっと増えたので、1位から18位に落ちてしまったのだ。直近ではイスラエルや韓国、さらにはOECD平均の後塵をも拝している。

それでも、18位に踏みとどまっているのは製造業だからであり、製造業に限らない全業種で比較すると、現実はさらに厳しい。次ページの**図表2・6**の通り、OECD加盟38カ国中、日本の労働生産性は**1時間あたりでは30位、就業者1人あたりでは31位**である。

人口が多いがゆえに、掛け算すると合計額ではまだ経済大国ということになっているが、その生産性はというと、もはや**先進国と呼べるかどうか微妙なレベル**にまで来てしまっているのだ。そして23年には、人口が3分の2しかいないドイツに抜かれ、

図表2.4 OECD加盟国における製造業の労働生産性上位20カ国の変遷

	1995年	2000年	2005年	2010年	2015年	2020年	2021年	
1	スイス	日本	アイルランド	アイルランド	アイルランド	アイルランド	アイルランド	617,383
2	日本	アメリカ	スイス	スイス	スイス	スイス	スイス	221,531
3	ベルギー	スイス	ノルウェー	ノルウェー	デンマーク	デンマーク	デンマーク	181,428
4	スウェーデン	アイルランド	フィンランド	アメリカ	アメリカ	アメリカ	アメリカ	168,989
5	ルクセンブルク	スウェーデン	スウェーデン	スウェーデン	スウェーデン	ベルギー	スウェーデン	143,197
6	オランダ	フィンランド	アメリカ	デンマーク	ノルウェー	スウェーデン	ベルギー	138,858
7	フィンランド	ベルギー	ベルギー	ベルギー	ベルギー	オランダ	オランダ	137,315
8	フランス	ルクセンブルク	オランダ	フィンランド	オランダ	イスラエル	フィンランド	124,175
9	ドイツ	オランダ	日本	日本	イギリス	ノルウェー	イスラエル	123,844
10	オーストリア	カナダ	イギリス	オランダ	オーストリア	フィンランド	ノルウェー	120,876
11	デンマーク	デンマーク	デンマーク	オーストリア	フィンランド	ルクセンブルク	ルクセンブルク	117,923
12	ノルウェー	イギリス	オーストリア	フランス	ルクセンブルク	オーストリア	オーストリア	117,774
13	アイルランド	フランス	ルクセンブルク	カナダ	フランス	イギリス	アイスランド	115,023
14	イギリス	ノルウェー	フランス	ドイツ	イスラエル	ドイツ	イギリス	107,938
15	イタリア	イスラエル	ドイツ	イギリス	カナダ	アイスランド	ドイツ	104,298
16	オーストラリア	オーストリア	カナダ	オーストラリア	ドイツ	フランス	韓国	102,009
17	スペイン	ドイツ	オーストラリア	アイスランド	日本	日本	フランス	96,949
18	イスラエル	アイスランド	アイスランド	ルクセンブルク	アイスランド	韓国	日本	94,155
19	アイスランド	イタリア	イタリア	イスラエル	韓国	スペイン	イタリア	82,991
20	ギリシャ	オーストラリア	イスラエル	スペイン	オーストラリア	イタリア	スペイン	80,244

単位：USドル（加重移動平均により平滑化した為替レートを用いて換算）

「製造業の就業者1人あたりの労働生産性」では、日本は2000年には首位だったが、2021年は18位。

出典：日本生産性本部「労働生産性の国際比較2023」より筆者作成
https://www.jpc-net.jp/research/assets/pdf/chart2023.pdf

図表2.5 主要国の製造業1人あたり名目労働生産性の推移（米ドル）

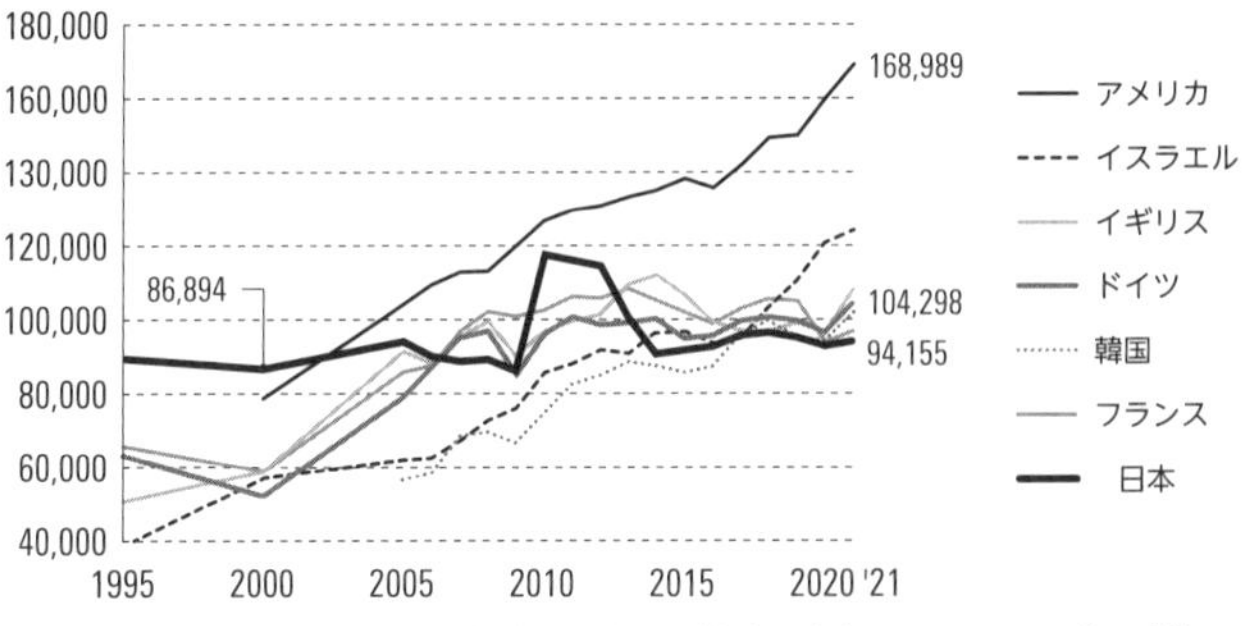

「製造業の就業者1人あたりの労働生産性」の推移を実額で見ると、日本は「落ちている」というよりは「伸びていない」のに対し、諸外国の伸びは著しい。

出典：日本生産性本部「労働生産性の国際比較2023」より筆者作成
https://www.jpc-net.jp/research/assets/pdf/chart2023.pdf

図表2.6 OECD加盟38カ国の時間あたり労働生産性（左）と就業者1人あたり労働生産性（右）（2022年）

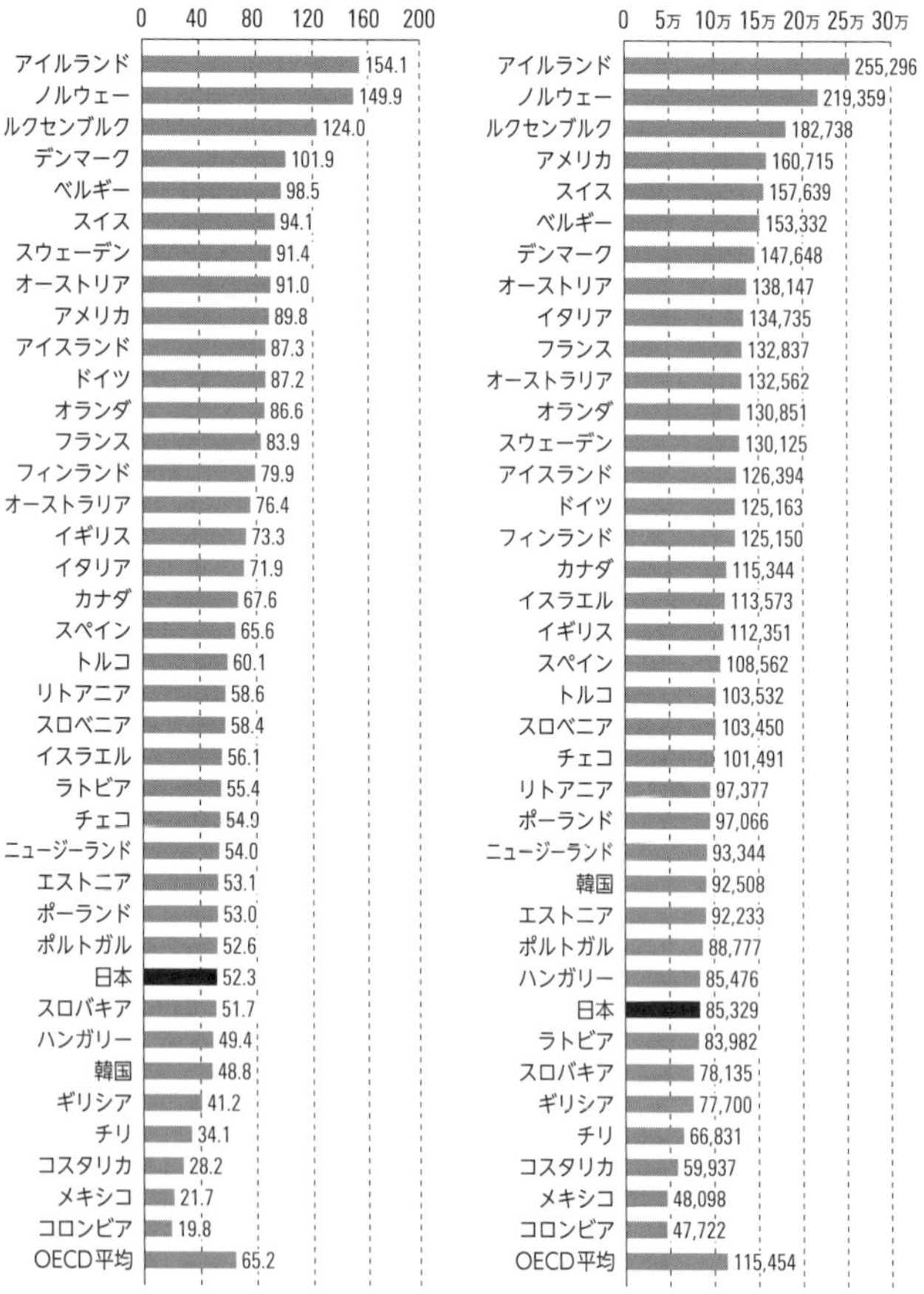

単位：購買力平価換算米ドル　　単位：購買力平価換算米ドル

日本の労働生産性は、1時間あたりでは30位、1人あたりでは31位。

出典：日本生産性本部「労働生産性の国際比較2023」
https://www.jpc-net.jp/research/assets/pdf/report2023.pdf

GDP世界第4位に転落してしまった。

実際、右の図表2・6で日本の前後にいる国々を見ていただきたい。従来あなたが「日本のライバル」としては意識していない国がほとんどではないだろうか？　だがこれが現実なのである。

あらためて、**世界各国は00年以降も順調に成長が続いているのに対し、日本だけが過去20年以上にわたってほぼ横這い**、であることをご理解いただけたかと思う。

ではその90年代後半～2000年頃に、世界的に何が起きたのか？　**「デジタル」によるホワイトカラーの生産性革命**である。

デジタルが引き起こした生産性革命

Windows95の発売を嚆矢《こうし》に、ITやインターネットなど「デジタル」の能力が飛躍的に伸びた結果、**ホワイトカラーの仕事の一部をデジタル、とくにソフトウェアに肩代わりさせる**、ということが可能になっていった（次の3章にて詳述）。

むろん、人間の仕事のすべてをデジタルが代替できたわけではない。ことに、モノを扱うことが中心であるブルーカラーの職場では、当初はさほどのインパクトはなかった。

一方、**情報を扱うことが中心であるホワイトカラー**は、デジタルの優位性を生かしやすかった。とくに、「定型化」することができるタスクは、ソフトウェアによってほぼ「自動化」できる。

そこで欧米企業の経営者は、**それまでホワイトカラー社員がやっていたタスクのうち、定型的な部分から少しずつ剥がして、**ソフトウェアに渡していった。もちろん最初から全自動化できたわけではないが、デジタルの処理能力の伸びとともに少しずつ、デジタルに任せられる割合が増えていった。

するとホワイトカラーは、**新規事業の創造、新製品の開発、顧客への高度な対応**など、**ヒトにしかできない、付加価値の高い非定型な業務に、より多くの時間を振り向けることができる。**結果、ホワイトカラー1人あたりの労働生産性は高まる（図表2・7）。

図表2.7 フィジカル時代とデジタル時代

高度成長期〜90年代まで ＝ フィジカル時代

- ブルーカラーの現場力がジャパンアズナンバーワンの原動力に
- ホワイトカラーも仕事の媒体はフィジカルだったので、ブルーカラーと大差はなかった

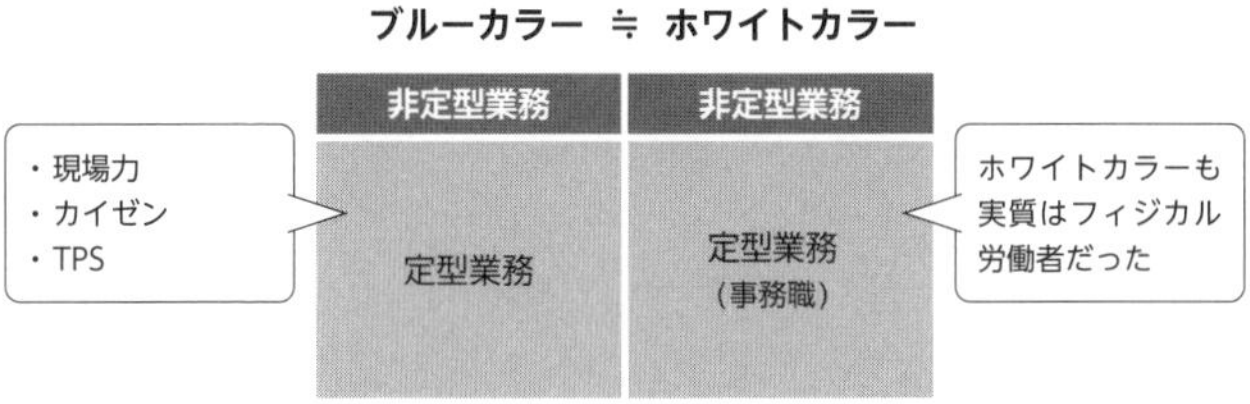

2000年以降 ＝ デジタル時代

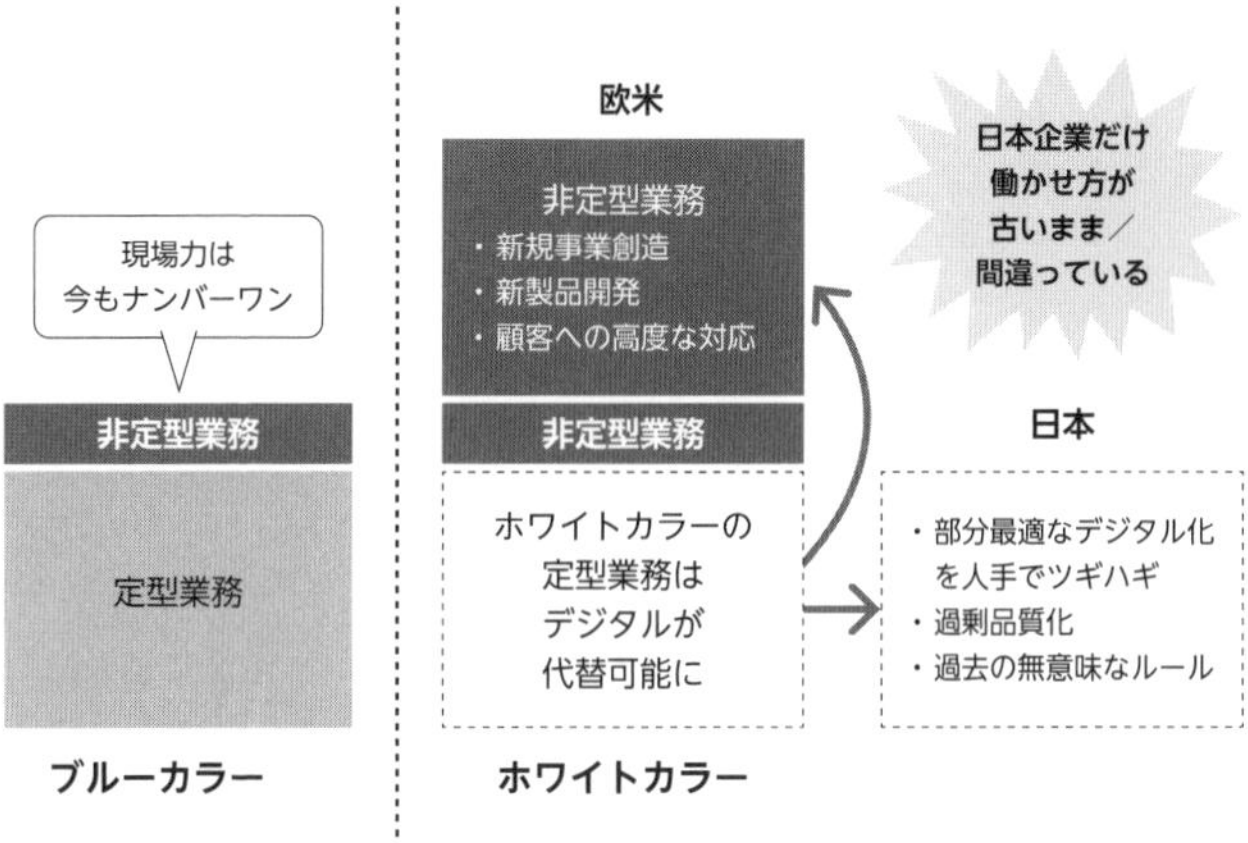

- ホワイトカラーの定型業務はデジタルによって代替可能に
- 欧米はこれを新規事業などの非定型業務に振り向けて成長した
- 日本はデジタル化が部分最適、人手によるツギハギ、過剰品質、過去の無意味なルールなどで生産性が低下したままになっている

日本と比べて雇用に柔軟性がある欧米企業は、効率が上がって社員数が減らせる状況であれば当然そうする（p２０３～２０４を参照）。ホワイトカラーといえど例外ではない。定型業務しかやらない・できないホワイトカラーは（5章で詳述するように）デジタル時代にはコストでしかなく、そうした事務職が減っていくのはむしろ自然な流れであった。

ただしこうしたシフトは10年以上の時間をかけて少しずつ起きたので、多くのホワイトカラーがいわゆるリスキリングし、「ヒトは非定型業務に特化する」という流れに対応していくことができた。企業の側もできるだけ解雇は避け、〝他の仕事をしてもらう〟よう務めた。また、売上と利益が順調に伸びている状況であれば、人数の伸びをそれより抑えることができれば、それは少人化と同じことになる。

・ちなみにあなたの会社でも、もし海外子会社をお持ちなら、そこは欧米企業と同じ状況のはずだ。定型業務はできる限りデジタルにシフトし、ホワイトカラーはできるだけ非定型業務にフォーカスするようになった結果、業務効率は日本の本社よりはるかに高い、という事象は幅広く見られる。

グレーゾーン業務を放置

こうしてデジタルとヒトが定型業務と非定型業務を分担することで、90年代後半以降、徐々に生産性を高めてきた欧米のホワイトカラーに対し、**日本のホワイトカラーだけは様相が違った。**

終身雇用という社会通念は薄れてきたとはいえ、日本企業では依然として雇用の安定性は高い。社員は「よほどのことがない限り」クビにならないと思っているし、経営者にしても「雇用を維持する」という方針はほぼ無条件で支持され称賛される。

その結果、（業績が悪化した企業によるリストラはあっても、）「生産性の向上→人間性の尊重」を旨とする**少人化がホワイトカラーに適用されることはほぼなかった。**

部分的なデジタル化は行われたが（4章にて詳述）、そこで生み出されたはずの余剰時間は、**グレーゾーン業務**にそのまま吸収されていった。

グレーゾーン業務とは、**顧客への提供価値とほとんどまたはまったく関係のない社内業務**を指す。本章〜6章のそれぞれ冒頭に掲載しているBさん〜Fさんの話はその典型例だが、あなたの周りにも、以下のような業務はないだろうか。

・部分最適なデジタル化を人手でツギハギするような、非効率かつミスや不正の余地をはらんだ業務プロセス
・本来の目的とかけ離れた・社員のワークロードを無視した無意味なプロセス
・過去のプロセスやルールがそのままになっている
・上位職者への過度なサービス（＝部下のワークロードの私物化）
・波風を立てないことを過度に重視した根回し（＝既存業務の既得権益化）

よく知られた「パーキンソンの第一法則」に「仕事の量は、与えられた時間をすべて使い尽くすまで膨張する」がある。パーキンソンはこれをイギリスの役所の観察から導いたとされるが、残念ながらこれは日本のホワイトカラー職場でも極めて一般的に見られる。

これだけムダが多ければ、当然、生産性は低く、給与水準も低いままとなる。

次ページの**図表2・8**は、G7の平均給与を対00年比でプロットしたものである。ご覧の通り、日本だけがいまだに00年の水準を回復できていない。平均給与はインフレ／デフレの影響を受けるので単純に上がればよいというものでもないが、とにかく日本だけが特異な状況にあることは確かだ。

図表2.8 G7の平均給与の伸び（2000年＝1.00とした場合）

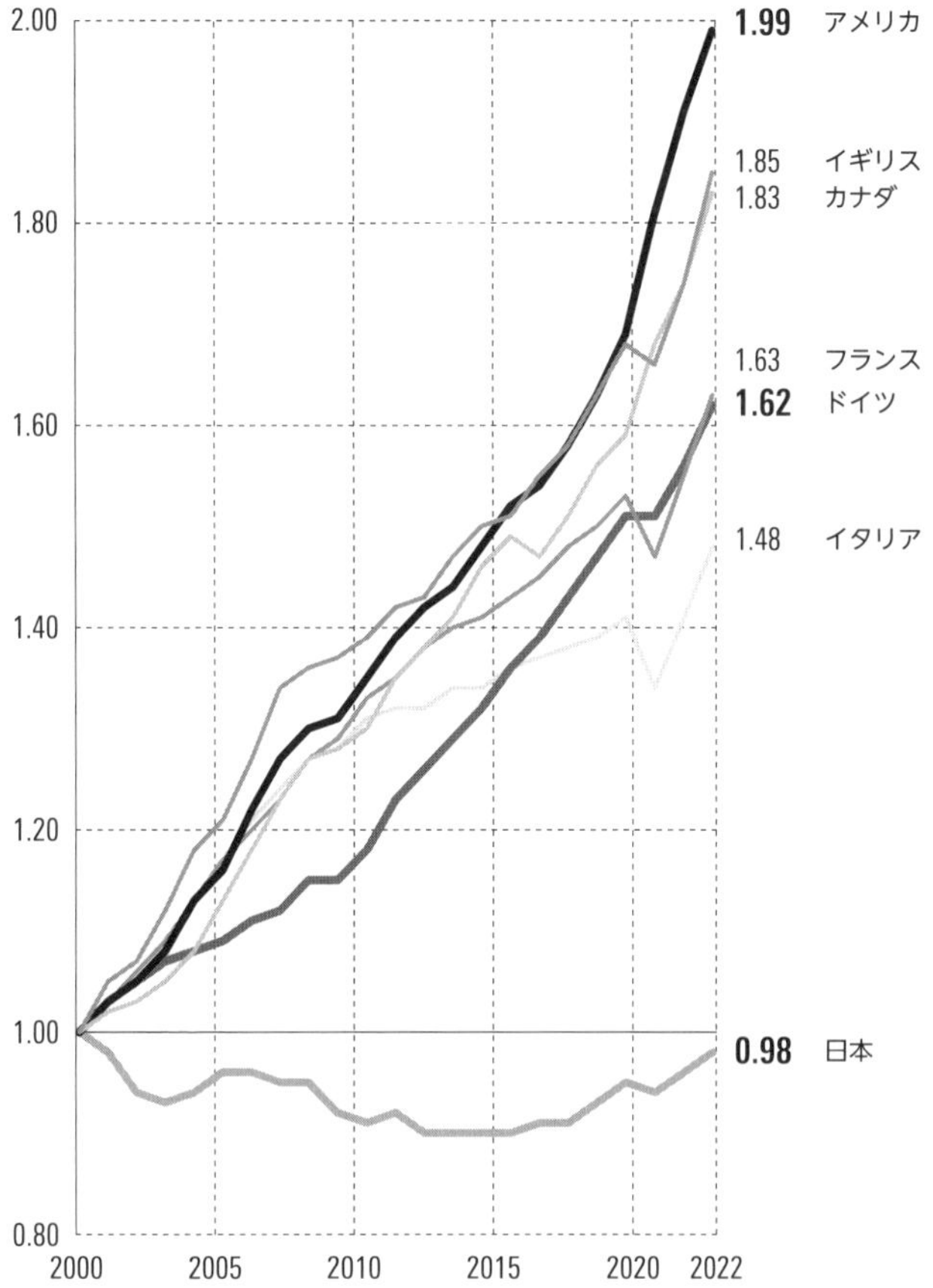

G7の平均給与の伸びを比較すると、日本だけが2000年の水準を回復できていない。

出典：OECDのデータを基に筆者作成

図表2・9は、購買力平価ベースで、主要国の平均給与を比較してみたものだ。ざっくり言うと、日本の労働者が1年間働いて得る給料を100とすると、ドイツの労働者は142、アメリカは187の給与を得ている、ということである。

ただし同じ「1年間」でも、労働時間の長さは同じではない。**図表2・10**はG7の男性被用者(雇われて働いている男性)の労働時間を比較したグラフだが、ご覧の通り日本を100とすると、アメリカは73、ドイツは64。

つまり日本と比較すると、**アメリカの労働者は7割しか働いていないが給料は1・9倍、ドイツは3分の2しか働いていないが給料は1・4倍**、ということだ。

昨今、やっと経済誌等が「安いニッポン」「貧しいニッポン」といった特集を組むようになった。海外旅行先で物価の高さ(正確には日本の物価の安さ)に驚かれた方も多いのではないだろうか。

だが、「厳しいWIN—WIN」を前提に少人化し、労働生産性を上げ続けているブルーカラー職場に対し、その意識が薄い**ホワイトカラー職場が足を引っ張り続けてもう25年**経っているのだ。国内外の物価の差が大きくなってくるのも無理はない。

図表2.9 2022年の主要国の平均給与（USドルPPPベース）

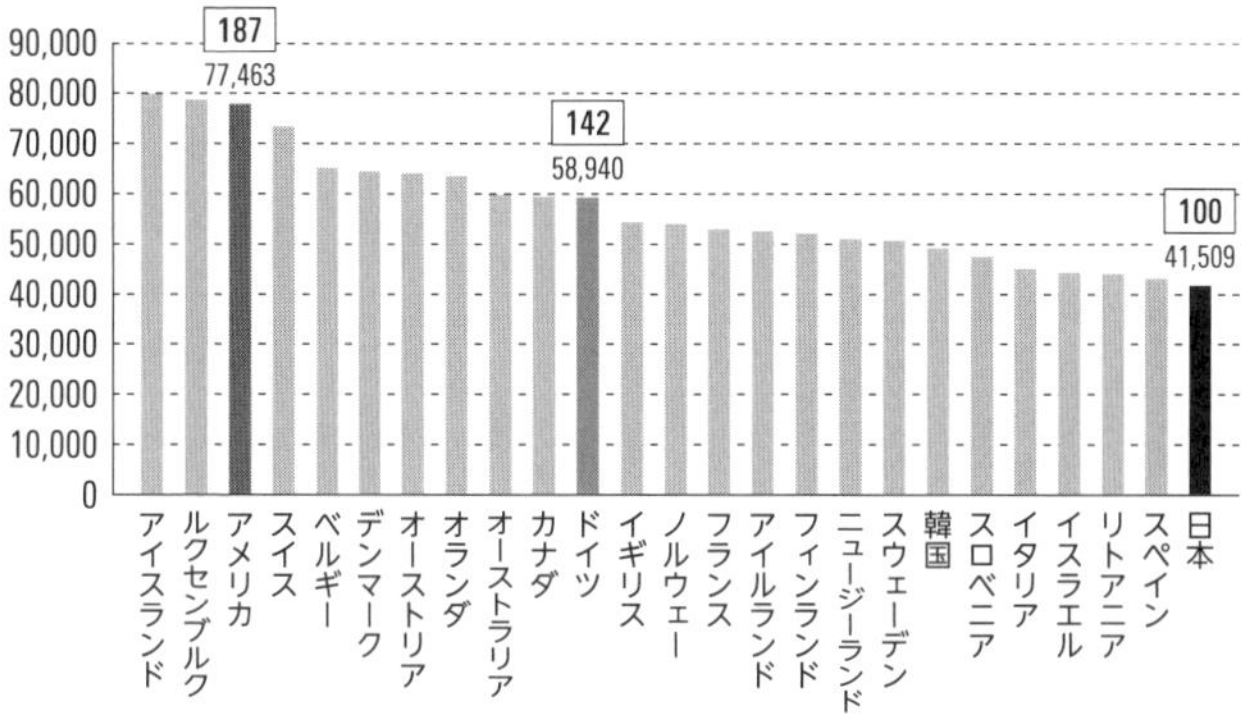

日本を100とすると、ドイツは142、アメリカは187。
出典：OECD.Statのデータを基に筆者作成

図表2.10 OECD加盟国の男性被用者の1日あたり有報酬労働時間

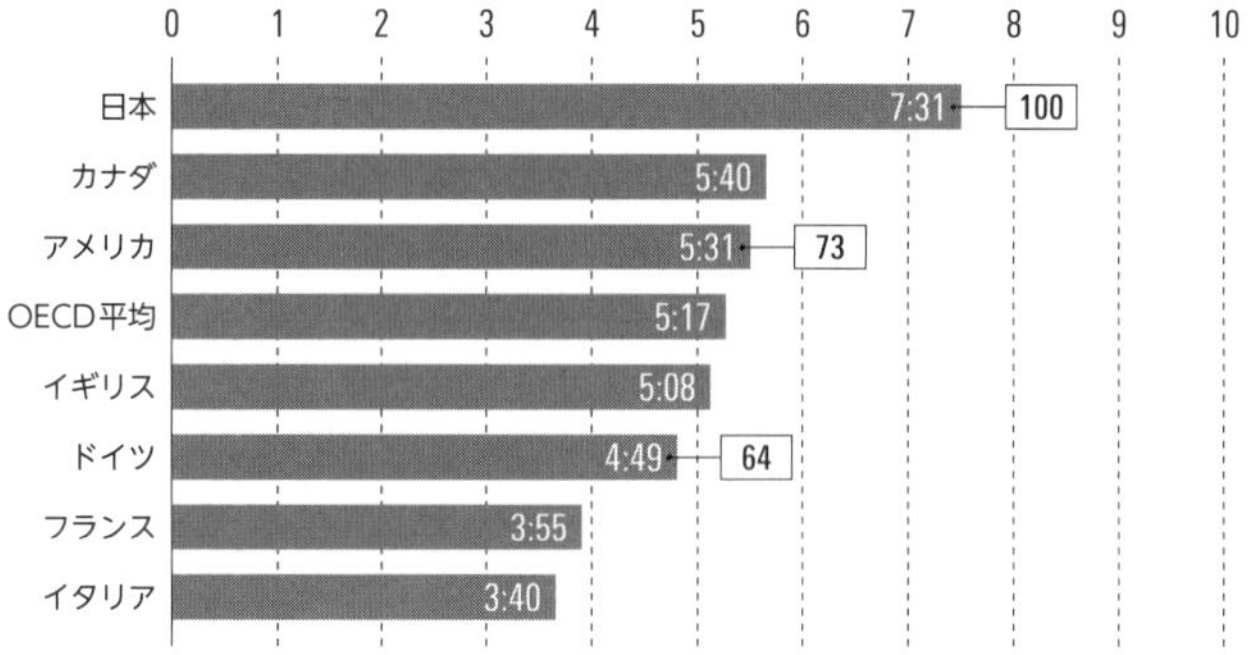

日本を100とすると、アメリカは73、ドイツは64。
なお、この数値は年間の有報酬労働時間を365日で割ったもの。通勤時間などを含む。
出典：OECD.Statのデータを基に筆者作成

サボっているのは管理監督者

勘違いしていただきたくないのだが、**ホワイトカラー社員がサボっているわけではない**。社員個々人は真面目に、長時間、頑張っているのは図2・10の通りである。「働き方」が間違っているのではなく、**「働かせ方」が間違っている**のだ。**サボっているのは管理監督者**、つまり**「厳しいW―N―W―N」をホワイトカラー職場に適用してこなかった経営陣や上級管理職**なのだ。

欧米やそれにならったアジア諸国（中韓台シンガポール等）がこぞって**ヒト×デジタルの分担で生産性を伸ばし続けている**のに対し、グレーゾーン業務によって長時間勤務を強いられ、それが「人手不足」のレベルにまで及んでいる日本。

日本国内では、アベノミクス等によりここ10年で日本経済が上向いてきているという認識もあるようだ。国内だけ、円の経済圏だけを見れば確かにその前の10年よりは良くなってきていると言えるかもしれない。しかし世界との比較で見れば、残念ながら**日本の沈下は明らか**である。「ブルーカラー社員の現場力」一本足でも世界と戦えたのは90年代前半まで。以後の25年はむしろ、苦しくなる一方だったのだ。

たとえばあなたの会社の**欧米のライバル企業の、従業員1人あたりの給与**を調べていただきたい。図表2・9の通り、1・5〜2倍の人件費をかけているはずだ。同等の給与を払ったら、御社は黒字を出せるだろうか？　裏返して言えばあなたの会社は、従業員を安い給料で働かせることでやっと成り立っているだけなのではないか？

おそらくあなたにも、自分たちの会社がこの10年で沈みつつある、という認識はないだろう。難しい環境下ながらも、まずまずうまくやっている、及第点である、と思っておられるのではないだろうか。**まずその認識を改め、「これまでのやり方」ではいけない**、という認識に立つところから始める必要がある。

ドラッカーも喝破している。

人員過剰からくる時間の浪費がある。人が少なすぎるということはありうる。人が少なければ、仕事のできあがりはよくないかもしれない。だが、それは一般的な状況ではない。むしろよく見られるのは、**成果をあげるには人が多すぎ**、したがって、仕事をするよりも、たがいに作用し合い、影響し合うことに、ますます多くの時間が使われているという状況である。

人員過剰についても、かなり信頼できる兆候がある。**もし、組織の上のほうの人たちが、時間をある程度以上おそらくは一割以上を、人間関係、反目や摩擦、担当や協力に関わる問題に取られているならば、人が多すぎることはほとんど確実である。**お互いが仕事を邪魔している。スマートな組織では、衝突することなく動く余地がある。始終説明しなくとも、自分の仕事ができる。〈中略〉

組織構造の欠陥からくる時間の浪費がある。その兆候は、会議の過剰である。会議は元来、組織の欠陥を補完するためのものである。人は、仕事をするか、会議に出るかである。同時に両方を行うことはできない。変化の時代にあっては至難なことだが、理想的に設計された組織とは、会議のない組織である。誰もが、仕事をするために知るべきことを知っている。仕事をするために必要な資源をみな手にしている。

何よりもまず、会議は原則ではなく、例外にしなければならない。みなが会議をする組織は何ごともなしえない組織である。もし時間の記録から、その四分の一以上が会議に費やされているという会議過多症が判明すれば、組織構造に欠陥があるとみてよい。会議への出席が時間の多くを要求するようになってはならない。**会議の過多は、仕事の組み立て方や、組織の単位に欠陥があることを示す。**

出典：『プロフェッショナルの条件』（ピーター・F・ドラッカー、2000年、ダイヤモンド社）
https://www.amazon.co.jp/dp/4478300593/

ホワイトカラーの生産性革命とは

Chapter

3

Cさんの話（28歳、経理部門）

私は製造業の経理部門で仕事をしています。

国内4工場はそれぞれが購買部門を持っていて、必要な原料や部品や資材を、仕入れ先さんに発注しています。発注それ自体は4年前に購買管理システムが導入されたので、私たちの仕事もものすごく早く、楽に、正確になりました。

それ以前は、各工場ともやり方がバラバラで、しかも発注は紙だったりメールだったりFAXだったり電話一本（！）だったりで、まったくガバナンスが利いていませんでしたから、**毎月の「月末締め→翌月支払い」の処理はカオスそのもの**でしたよ。新卒で入った私は、会社って、こんなにドタバタなんだ！と内心とても驚きましたね。

発注者本人が「支払い申請書」を出さない限り、支払いは起きないのですが、実際には**起票忘れは日常茶飯事**。翌月末の支払いが無かった取引先さんからの電話で初めて気がついて、「忘れてた！　急ぎで支払いお願い！」と経理にネジこんでくることが頻発していました。基本は次の月末まで待っていただくのですが、金額が大きかったり仕入れ先の社長と親しかったりすると、経理部長にまでネジこんできたりするので、仕方なく**私が銀行まで行って振込手続きをした**ことも年に何度もありました。そしてそういう方に限って、何度も繰り返すんですよね……。

「支払い申請書」には「発注書」と「納品受領書」のコピーを添付するルールでしたが（それがないと、いくらで発注したのか、納品済なのかが確認できません）、実際には電話一本で発注書がないケースでも、購買部長の承認印があれば通すことになっていました。でも忙しい購買部長が月500件くらいある発注を**本当に確認しているとは思えない**んですよね……大きな声では言えませんが、**不正を働こうと思えば簡単にできてしまったと**思います。

こういう、**よく言えば従業員を信頼した、悪く言えば何の歯止めもない状態**で長年やってきたので、購買管理システムの導入時には現場からは大反発がありました。電話一本で発注できていたのに手間が増える、とかね。でも経理から見れば、そもそも何のエビデンスもなく発注できてしまって大丈夫なのか？　でしたけど……。

幸い、購買管理システムの導入後は、こうしたドタバタはほぼなくなりました。発注段階で「どの取引先に、いくら、何月末締めの翌月末支払い」が登録され、あとは納品が完了した時点でワンクリックだけすれば、支払いに回るようになったからです。

でも考えてみれば、当たり前のことですよね？　そもそも**発注したらその時点で、支払い先も支払い額もそのタイミングも決まっている**のですから。その通りに粛々と処理すればいいだけ、のはず。


ところが。実はまだ、別の問題があるんです……購買プロセス側はきれいになったのに、経理側の**業務プロセスが古いままで**、しかも**すべて紙ベース**なんです。

月末になると、当月の発注を集計した「翌月末支払い予定明細」という帳票が、取引先の数だけ自動作成されます。取引先はだいたい150社くらいで、1カ月間にその取引先に行った発注と、その合計金額つまり翌月末の支払い予定額がリストされています。ここまでは自動なので手間はありません。

ところが経理では、この150枚を**すべて印刷し、チェックして捺印し、三つ折りにして封筒に詰めて、郵便局に持って行って、郵送する**んです（！）。送った用紙は、取引先が確認して、OKなら捺印したものが、**また紙で返送**されて来ます。それらをすべて開封し、中身を確認します。150社のどこから返送されてきたかはExcelで**一覧表を作って**チェックしています。返送が遅い取引先には**電話して催促**しなければなりません。こうやって、月末の支払いの前に、支払い額が100％正確になるように念を入れているのですが。

たかが150枚の捺印・封入なんて、と思いますか？　やったことのない方には、どれだけ面倒か分からないでしょうね。集中してやっても3時間はかかります。それが毎月です。それでも、意味がある「仕事」ならいいんです。実際には**「昔からやっているから」以外の理由はない**、単なる「作業」です。心が折れそうになりますよ……。

4年前までは、相互の認識に齟齬《そご》がある（たいていはこちらが支払い起票を忘れている）のが発見されることがよくあったので、この「支払額の事前確認」プロセスにも意味があったと思います。

でも、今は購買管理システムのおかげで、齟齬はほぼないのです。となると、この毎月150通の**「お手紙交換」**に、**何の意味があるのでしょう？**　やめてしまっては、と課長には何度も伝えていますが、「お金の扱いには100％正確を期すのが経理だ」そうです。でも過去にも、過払い・未払いはよくあって、前述のように銀行に振り込みに行ったり翌月分で調整したり、はしょっちゅうあったんですけどね……。

諸外国に比べると大幅に出遅れたとはいえ、現在の日本では「デジタル」に対する期待はこれまでになく高まっている。もはや日本経済新聞の一面にデジタル関連の記事を見かけない日はないと言ってもいいくらいだ。とくに「DX」はデジタル・トランスフォーメーションの略語としてすっかり定着した。「AI」、人口知能も花盛りだ。だがそもそも、**デジタルとはなぜ、何が、優れているのだろうか？**

「デジタル」の対語は「フィジカル」

もしデジタルの対語は何ですか？　と聞かれたら、「アナログ」と答える方が多いだろう。しかし、現在の企業経営を考えるうえでは、**デジタルの対語は「フィジカル」**であると理解する必要がある。

ここでいう「フィジカル」とは、物理的な「モノ」を指す。すべての自然物をはじめ、今あなたが周囲を見回して目に映ったモノはすべてフィジカルだ。ＰＣやスマートフォンも、それ自体は物理的なブツであるからフィジカルだ。もちろん、われわれ人間自体もフィジカルである。

それに対比して、電子化された情報、すなわち実体がなく、目に見えない情報のことをわれわれは「デジタル」と呼んでいる。

コンピューターは一般に「電子の動き」を利用して情報を処理するが、その際に情報を「0」と「1」の電気信号に変換し、0と1の組み合わせで認識する技術がデジタルだ。つまり突き詰めれば、ビットのon／offの羅列として表現され、処理され、また伝送される情報のことをデジタルと呼んでいるわけだ。

さて、フィジカルと対比して、**デジタルの特徴は3つある**（次ページの図表3・1）。

■デジタルの特徴 ①速い

まず1つ目は「速い」こと。電子は質量が極端に小さいため、非常に速く動かすことができる。たとえば、あなたが今使っているPCやスマートフォンのCPU（中央処理装置）は、おおむね2GHz（ギガヘルツ）前後だ。これは要するに、1秒あたり20億回の情報処理ができる、ということだ。

フィジカル世界では、たとえばエンジンのピストンが秒あたり100往復（＝毎分6000回転）していたら、それはもう目にも留まらぬ速さである。ところが秒あたり

図表3.1 フィジカルと比較したデジタルの特徴

デジタルとは、突き詰めれば

ビットのon/off、電子の羅列

として表現され、伝送されるもの、のこと

その特徴は3つ

① フィジカル世界では考えられない**超高速**
　－ 超高速ゆえに超大量でも容易に扱える
　－ 伝送もまた超高速

② 容易かつ完全に**複製**できる

③ **指示されたこと**は（指示が正しい限り）
　100％正確、かつ**無限**にこなせる

↕

いずれも、
フィジカル世界（たとえばヒト）とは真逆
➡ 強力な補完関係にある

20億回とはその**2000万倍**。ちょっとケタが大きすぎてピンとこないが、とにかくフィジカル世界では想像もできないような速さで動かせるのがデジタルである。

処理速度が極めて速いために、超大量のデータでも容易に扱えるようになってきたし、その伝送速度(通信速度)も極めて速い。今ではインターネットや5G経由で高精細な映画を各自がいつでも、思い思いのタイミングで、画面上で選択してすぐ観ることができるようになったが、まさに隔世の感がある。

デジタルの「速さ」については、実はあなたも日々実感しているはずだ。たとえばマイクロソフトの表計算ソフトＥｘｃｅｌをお使いになっているだろう。Ｅｘｃｅｌ上にある数値は、それが１００個であろうと1万個であろうと、一瞬で計算できる。ヒトが電卓で、あるいはソロバンで計算することに比べれば、**その所要時間は事実上ゼロ**とみなしてよいくらい速い。

■デジタルの特徴 ②複製できる

２つ目の特徴は、**容易かつ完全に複製できる**ことだ。デジタルなデータは複製あるいは伝送してもまったく劣化しない。ということは、デジタルのデータは**「コピー」**「再

利用」「横展開」が簡単にできるということでもある。

デジタルなファイルでもらった資料であれば、それをそのまま加工する、つまり再利用ができる。あなたがここ1カ月の間に仕事で作ったＥｘｃｅｌ、Ｗｏｒｄ、パワーポイントなどのファイルのうち、自分でイチから作ったものがどのくらいあるだろうか？　大半は誰かから受け取ったものを大なり小なり素材として再利用し、そこに手を加えて作ったのではないだろうか。

完全なコピーができるので、「横展開」も簡単だ。紙の資料を自分の所属する部署のメンバーにも見せたいと思ったら、人数分をコピーしたり回覧したりの手間がかかるが、電子ファイルならそれをメールするか、共有フォルダに置くだけでよい。

そもそもＥメールそのものが複製を前提にしている。宛先欄（ＴＯとＣＣ）に入れた相手の数だけメールは自動的に複製されるのだから。

電子ファイルだけではない。それらを処理するアプリケーション（ソフトウェア）そのもの、もまた複製できる。フィジカルな「ＰＣ」は１００万台必要なら、１００万台分作らなくてはならないが、そこに搭載するＥｘｃｅｌは、作るのは1回でよく、あとはそれを１００万台にコピーするだけでよい。

■**デジタルの特徴③100%正確かつ無限にこなせる**

そして3つ目の特徴は、指示されたことは（その指示が正しい限り）100%正確、かつ無限にこなせる、ということである。

たとえば、「3ケタの整数100個を合計せよ」というタスクがあったとする。これをExcelに計算させた場合、あなたも、Excelが返してきた計算結果が正しいかどうかについて疑ったり検算したりすることはないだろう。

しかし同じ計算を、部下が電卓で行っていたら？　どこかに間違いが入り込んでいるかもしれない、と当然考え、検算させたりもするだろう。あなたも、デジタル世界の処理は100%正確であるに違いない、とすでに経験的に学んでいるということだ。

以上の3点はいずれも、誰でも知っている一般論にすぎない。しかしこのデジタルの特徴を**フィジカル世界、とくに人間の労働との対比で考えると、非常に異質であることを見て取っていただけるだろう。ヒトはそんなに速くは動けないし、複製はできないし、100%ミスなく無限に働くこともできない。フィジカル世界から見ると、デジタルは強力な補完関係にある**のだ。

そしてこの3つの「デジタルの特徴」による、フィジカル世界に対する最も大きなインパクトは**「コスト構造」**だ。

デジタルのコスト構造：差分コストは事実上ゼロ

フィジカル世界では、何かを作れば（あるいは運べば）、必ず**そのつどコストがかかる。**当たり前のことだ。

コストは「初期費用」と「差分コスト」に分かれる。たとえば製造業では、**初期費用**とは、最初の1個目の製品を作るのに必要な研究開発投資や、生産ラインを構築するための費用である。

一方、**差分コスト**とは、初期費用が終わって量産できるようになった後、1つを生産するごとにかかるコスト、いわゆる**「限界費用」**あるいは**「製造原価」**だ。それが最先端の半導体チップであろうと、コンビニで買うポテトチップスであろうと、初期費用と差分コストは発生する（図表3・2）。

このコスト構造は非製造業でも変わらない。どんなサービスであろうと、それを事

図表3.2 フィジカル世界とデジタル世界のコスト構造

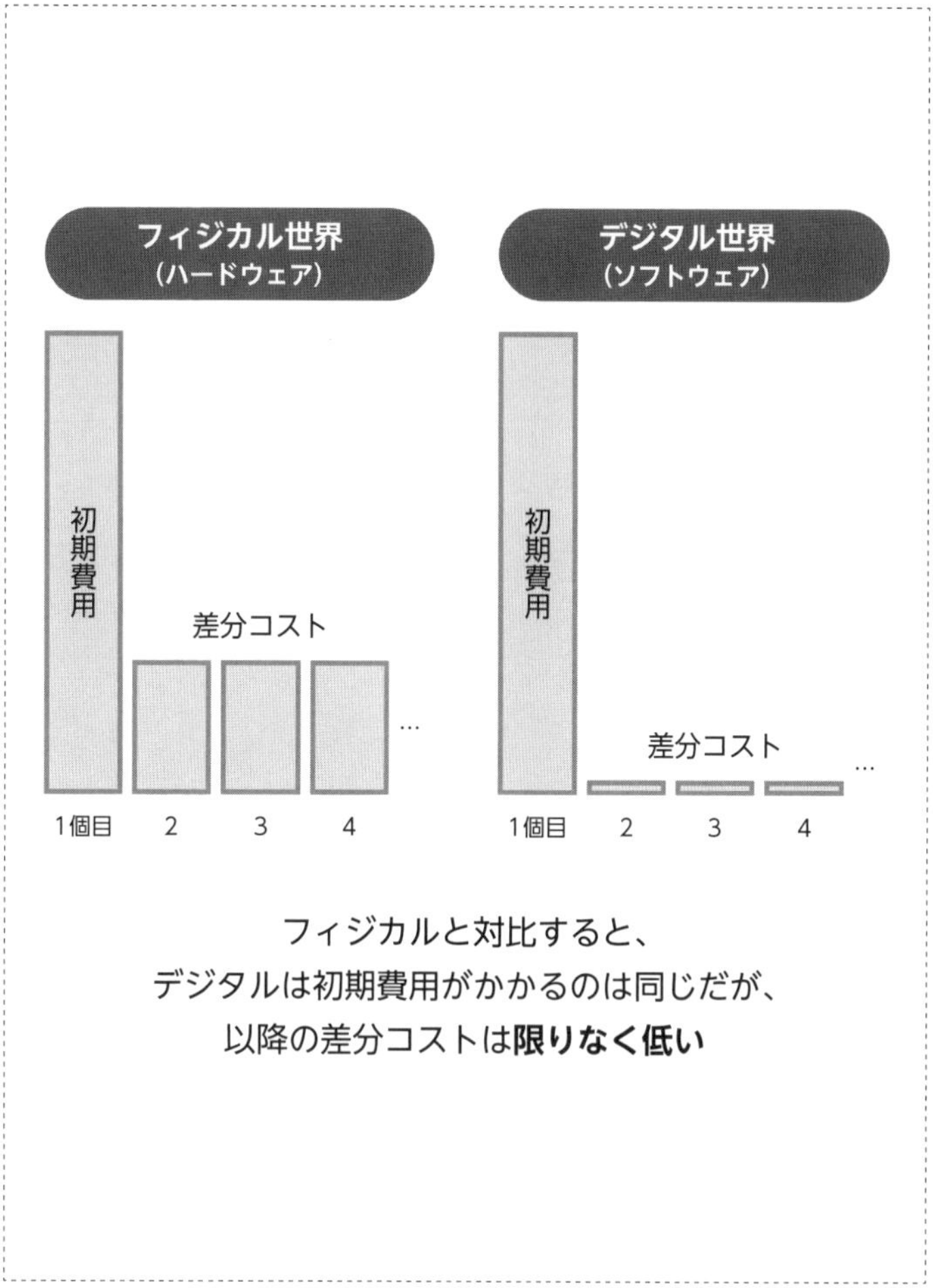

業として提供できる体制を整えるためには、設備投資や従業員トレーニングなどの初期費用がかかるし、それが終わった後も一定のランニングコストが発生する。

一方デジタル世界の場合も、初期費用つまり研究・開発・設置などのコストがかかる点は同じだ。しかしそれが終わった後の**差分コストは、限りなくゼロに近い**。「生産」とは実際にはデータをコピーするだけだし、「運搬」とは実際には（すでに引かれている）回線の中を電子が走るだけだからだ。

ビジネスにおいて極めて重要な製品・サービスの**原価が、デジタル世界では「2個目からはほぼゼロ」である**ことを、あなたはどこまで明示的に認識していただろうか。

優劣の話ではない

誤解しないでいただきたいのだが、このデジタルとフィジカルの話は、どちらが良いとか悪いとかではない。デジタルのほうが、すべての点において優れているというわけでもない。単に、**デジタルとフィジカルはコスト構造が根源的に違うのだから、**

その違いを理解したうえで〝いいとこ取り〟をする必要がある、というだけだ。

ちなみに「世界はソフトウェアでできている」とか「デジタルが世界を支配する」とかいった言説も目にするが、これは世間の耳目を集めるために、あえて過激な表現をしているにすぎない。つまるところ、人間はフィジカルな存在だし、たとえば食べ物（食料）だってフィジカルだ。人間は電気信号を食べて生きることはできない。

そもそもデジタル、つまり1と0の電気信号の束にしても、それ自体では存在できない。媒介してくれるハードウェア、つまりフィジカルあってのデジタルである。たとえばデジタルテレビは、それ自体はフィジカルなモノだ。コンピューターやスマートフォンに収められているのはデジタルな情報だが、ＰＣやスマホそのものはモノだ。

つまり主従関係で言えば、**フィジカルが主で、デジタルは従なのは明らか**である。ただ、とくに90年代後半以降、その「従」の存在であるデジタルの性能が格段に上がり、コストが格段に下がったために、さまざまな役割を果たせるようになった。具体的には何が起きたか？　**ホワイトカラーの定型作業の付加価値がゼロになった**のである。

ブルーカラーとホワイトカラー

ところで、そもそもブルーカラーとホワイトカラーとは何だろうか。この2つの厳密な区別を突き詰めることは本書の目的ではない。あなたがすでに持っている、次のような大まかなイメージを頭に描いていただけば十分だろう（図表3・3）。

・**ブルーカラー：主に現場**（工場、倉庫、物流、店舗、修理など）で仕事をする職種。たとえば生産、物流、販売、保守など。

・**ホワイトカラー：主にオフィス**（自社、取引先など）で仕事をする職種。たとえば企画、営業、研究開発、生産管理、経理、総務、調達、人事、IT、マーケティング、広報、そして管理職や役員など。

もちろん、この2つに分類しづらい、両方の側面を持つ職種（たとえば医療、学校の教師など）もある。

また、ブルーカラー系の職場でも、いわゆる管理職になるにつれて、業務の中でホワイトカラー的なタスクが占める割合が上がっていく傾向にある。**部長級くらいから**

図表3.3 ブルーカラーとホワイトカラー

	ブルーカラー	ホワイトカラー
場所	**現場**（工場、倉庫、物流、店舗、修理など）	**オフィス**（自社、取引先など）
職種の例	生産、物流、販売、保守など	企画、営業、研究開発、生産管理、経理、総務、調達、人事、IT、マーケティング、広報、役員など

特徴	フィジカルなブツ（モノ、ヒト）を対象としている	事実上ほとんどすべての作業をPC経由で行っている

上は、実質ホワイトカラーと言えるだろう。もちろん役員も皆ホワイトカラーである。

現代のホワイトカラーはデジタルワーカー

名前の通り、かつては襟（Collar）の色、つまり服装で線引きをしていたわけだが、実は、現代においては、非常に分かりやすい見分け方がある。

現代のホワイトカラーとは、事実上ほぼすべての作業をPC（パソコン）を介して行っている職種である（本書では以後、タブレット端末、スマートフォンなども含めた、デジタル情報機器をまとめてPCと表現する）。

前ページでブルーカラーとして例示した、生産、物流、販売、保守などは、フィジカルなモノやヒトを主な対象としており、PCを使うことはあってもあくまで副次的な用途である。

一方ホワイトカラーとして例示した、企画、営業、研究開発、生産管理、経理、総務、調達、人事、IT、マーケティング、広報、役員。あるいはブルーカラー職場の管理職的なタスク。いずれも現在では、PCなしではほぼ仕事にならないだろう。実際、業務時間の大半はPCに向かっているはずだ。

この区別は実は非常に重要な意味を持つ。**ブルーカラー業務はフィジカルなのに対し、現代のホワイトカラー業務はその大部分がデジタルなのである。**

ホワイトカラー自体は100年以上前からある概念だが、ほんの25年ほど前までは、オフィスにPCは普及しておらず、ホワイトカラーも「紙とエンピツ」で仕事をしていた。つまり**仕事の媒体(メディア)自体はフィジカルだったから、ホワイトカラーもブルーカラーも、仕事の仕方にはさほどの違いはなかった。**

ところが90年代半ば以降、世界中の企業で、**ホワイトカラーの仕事の媒体の「デジタル化」**が急速に進んだ。簡単に言えば、**「紙とエンピツ」から「PC」への移行**が起きた。

・なお近年では、ブルーカラー職であっても、業務の一部にデジタルツールを使うことも増えているが(たとえば作業実績をシステムに入力する、Ｅｘｃｅｌ化されたデータを集めて分析する、など)、その部分に関しては本書でいうホワイトカラー業務の性質が当てはまると考えてよい。

そして、このデジタル化によって、ホワイトカラーの生産性に革命が起きてしまった。先ほど申し上げたように、**ホワイトカラーに定型処理をやらせる価値がゼロになったのだ。**

この「90年代半ば以降」と「失われた25年」の符合に注目していただきたい。

デジタルによる能力拡張①:個人レベル

ここでいう「定型処理」とは、あるインプットを入れたら、想定通りのアウトプットが必ず出ると分かっている、あるいは出なければならないプロセスのことだ。

一番イメージしやすいのは電卓あるいはExcelによる計算である。電卓のキーを「1234」「×」「9876」「=」と押したら、即座に「12,186,984」という答えが出る。かつてソロバンの時代には、数値計算が速く正確にできる、というのは(経理など計算を伴う)

ホワイトカラーにとっては重要な技能だったが、今はそうするホワイトカラーはいなくなった。電卓が一瞬で正確にやってくれるからだ。

しかし電卓も、Ｅｘｃｅｌの登場によって価値がなくなった。Ｅｘｃｅｌにすでに入力されている１００個、あるいは1万個の数値の集計であれば、一瞬で正確に計算されるからだ。

つまり**「計算」という定型処理に対してホワイトカラーというヒトの労働力を投入する意味はゼロになり、**ヒトはその分の時間と脳力（ブレインパワー）を他のことに振り向けられるようになった。

計算だけではない。たとえばコピペ。ＰＣ上で文字列を「コピー」して、別の箇所に「ペースト（貼り付け）」したら、それが何ページの長さであろうと、１００％正確に貼り付けられる。

あるいは**単語登録。**自分のＰＣ（正確には単語変換を担うＩＭＥというソフトウェア）に自分のメールアドレスや電話番号を単語として登録しておられる方は多いだろう。たとえば筆者は「むら」と入れたら「murata.aaaa@aaa.com」と、「けいたい」と入れたら「080-XXXX-1412」と変換される。つまり「長い文字列を正確に覚え、それを文字列として再現する」という定型作業にかかる時間と脳力がゼロになった。

その延長が、前述の**ファイルの使い回し**である。Ｅｘｃｅｌ、Ｗｏｒｄ、パワーポイントなどの「編集可能な元ファイル」が存在している限り、それと同じものを再度ゼロから作るという作業にヒトの労働力を投入する価値はゼロになった。

既存資料の使い回しの巧拙が作業効率に直結するようになり、とくにパワーポイントは「スライド」単位での切り貼り・入れ替えが簡単にできるため、元ネタをもらっておけばその組み換えだけで、新しい資料をごく短い時間で作れるようになった。

電卓にせよＥｘｃｅｌにせよコピペにせよ、その内側でどういう処理が行われているのか、は誰も知らない。だがブラックボックスであっても、それが正しく動くと分かっているならとくに問題はない。

さらに、そうして作った情報の**「受け渡し」**という行為もまた、ホワイトカラーの時間と脳力を投入する価値がない作業になった。受け渡しはスタンドアローンの（ネットワークにつながっていない）ＰＣの時代でも、フロッピーディスクを介して行うことができたが、その後、社内ＬＡＮ、ファイルサーバー、Ｅメールなどの「ネットワーク」によって、社内外の人との「やりとり」まで含めてデジタルに行えるようになった。

定型処理の価値がゼロになった

あなたも今となっては、前述のような作業を「紙とエンピツ」で、つまりフィジカルな媒体を用いて行っていた時代のことなど、思い出せないかもしれない。しかし19世紀にホワイトカラーが誕生してから20世紀末くらいまでの１００年以上にわたってずっと、ホワイトカラーといえどその仕事の媒体は「フィジカル」だったのである。

計算はソロバンという道具と技能を用い、脳力と時間を使って行うしかなかったし、資料はイチから紙の上に起こしていくしかなかったし、情報を受け渡しするには「紙」を物理的に渡しに行くしかなかった。

ところがそれらが25年くらい前から「デジタル化」されてきたことで、ホワイトカラーの作業のうち定型化できる部分については、デジタルが**「手間ゼロ、所要時間ゼロ、差分コストゼロ、間違いゼロ」**（以後、**「4ゼロ」**とも称する）でいとも簡単にやってくれるようになった。したがってこの定型化された部分については、ヒトが時間と脳力を投入する必要がなくなり、ヒトはその分、定型化されていない部分の作業に時間を割くことができるようになっていったのだ。

とはいえ、ここまでは、あなたもさほど違和感はないだろう。自分もそうしているよ、と思われるはずだ。

しかし、**ホワイトカラーの生産性革命の本当のインパクトは、「個人の」能力の拡張ではなく、「組織の」能力の拡張のほうにある。**個人戦ではなく団体戦の能力にあるのだ。そして現在では**「企業」の枠をも超えて、バリューチェーン全体や企業間取引などのビジネスネットワーク**にまでこのデジタルの価値は拡大し続けている。

そもそも「企業」とは何か

ここでちょっと立ち止まって、ひとつ考えを巡らせてみていただきたい。

「優れた企業」とは、いったい何なのだろうか？

いや、その前に、**そもそも、企業とは何なのだろうか？**

もちろんさまざまな側面から、いろいろな表現ができるだろう。その中からここでは、**企業とは「複数の人や部門が、協力／分業して、顧客に対して価値を提供する機能体」である、**と捉えてみたい。この表現には、あなたも異論はないだろう。まあその通りだね、と。社員数が2人でも1万人でも、協力・分業していることは間違いないし、その結果として顧客に価値を提供している。

複数の人や部門が関わるので、**スムーズに連携するため、お互いの約束ごと**が決められている。これが**「業務プロセス定義」**である。

製品開発↕営業↕購買↕生産↕管理……といった「部門」ごとの約束ごともあれば、部の中での「課」どうしの連携、さらに課の中での役割分担なども、明示的か暗黙的かに関わらず、さまざまに取り決め・合意がなされ、企業はそうした約束ごとに則って動いているはずだ。これらのすべてが「業務プロセス定義」である。

たとえば営業部門は、顧客に見積もりを提出するにあたっては、生産部門にリードタイムを確認しなければ納品予定日を約束してはいけないことになっているはずだし、値引きを提供するにはしかるべき管理部門や責任者の了解を得なくてはいけないはずだ。金額が大きければ、与信管理部門に確認を取る必要があるかもしれない。

営業部門の中でも、たとえばマーケティング部門やインサイドセールス(内勤営業)が見込み顧客を発掘し、一定以上の見込みがあるリードだけを外勤営業に渡す。商談が進んで見積もりを提示するには、営業事務担当が見積書の体裁をしかるべく整えたうえで、しかるべき営業責任者の承認を得なければ顧客に提示することはできない……などなど、多くの部門が効果的に連携し、スムーズに動いていくよう、業務プロセスは決められている。

「企業」とはこの、大小さまざまな「業務プロセスの集合体」である。

優れた企業はプロセスを高度化していく仕組みを持つ

さて、ではあらためて、優れた企業とは何だろうか？　ここまでの文脈に沿って言えば、**優れた企業とは、「顧客価値の最大化を軸に、優れた業務プロセスを持ち、さらにそれを高度化させていく仕組みを持つ企業」**である（※）。

ヒト（従業員）は少しずつ入れ替わるし、全員が飛び抜けて優秀というわけにはいかない。にもかかわらず、常に高い業績を上げ、顧客から評価される企業があるのはなぜか？ それは業務プロセスが優れているから、である。

社員どうしの連携がスムーズに流れており、かつそれを常に見直していく仕組みがある。何かしらプロセスに不具合があれば、そこに関係する部門が協議して、よりよく流れるように見直していく。そうした企業こそが「よい企業」になっていくのではないだろうか。

※もちろん、優れた「技術」や「ビジネスモデル」を持つことも重要だ。だがこと日本企業では、技術やビジネスモデルは優れているのに、それを支えるべき業務プロセスが古いまま、現場ホワイトカラーのガンバリに丸投げされており、それが社員を疲弊させている、というケースが非常に多いのではないだろうか。

さて、この業務プロセス、とくに「情報の記録・処理・受け渡し」が、予め合意されたルールに従ってスムーズに働くように用意されている仕組みが、いわゆる「ITシステム」、本書でいう**「ソフトウェア」**である。

部門間・担当どうしで「情報」が予め合意された通りにスムーズに受け渡せるように設定される一方、定められたようになっていなければ止まる（エラーが出て人間に通知される）ように設定しておくことで、チェックの機能をも担っていることが普通だ（たとえばしかるべき責任者の了解を先に得ていなければ、見積もりの発行ができなくなっている）。

処理された情報は次部門に渡されると同時に記録され、さらにその処理が行われた日時（タイムスタンプ）も記録されるため、各ステップの所要時間やばらつきも分かり、それが分析の材料となってさらなる見直しができる、といった役割も担っている。

こうした、ソフトウェアに対する各種の設定のすべてが、**「ソフトウェアに人間の知恵を付けて自働化する」**という行為に相当する。この業務プロセスはこのように機能してほしいのだ、という指示をソフトウェアに対して行うのは人間である。人間が正しく指示をすれば、ソフトウェアという機械はそれを１００％正しく、忠実に実行してくれるようになる。

工作機械に対して、この材料はこの大きさにカットし、この位置に穴を開けよ、もし異常を検知したら停止せよ……といった指示を与えておくことと同じである。

なお日本では、優れた企業というと、「企業文化・社風」を第一に挙げる方もいらっしゃるかもしれない。それは企業理念の顕れであり企業を構成する最も重要な要素である。そして企業文化や社風は、業務プロセスを補完する機能もある。仮に明示的に決まっていないプロセスがあったとしても、社員どうしがそれを補い、お互いに協力して連携プレーでこなしていくこと（いわゆる「すり合わせ」）ができる。

だが、これは2つの点で弱みに転じる可能性がある。

ひとつは業務プロセスがきちんと定義されていないことの言い訳に使われてしまうこと。プロセス定義なんかしなくたって、現状、ちゃんと業務は回っているんだからいいじゃないか？　と。だがそれは**「グローバルで未来永劫勝ち続けるレベルで生産性高く」回っているか？　とは別の話**だ。プロセスを定義し、それをソフトウェアで補完すれば、今の2倍、3倍の量を同じ人数で回せるかもしれない。従業員の残業をもっと減らせるかもしれない。

もうひとつは、文化・社風というものは、そこになじむことができる人が、長く居ることが前提になっている。新しく入った人が、そこに慣れて仕事ができるようになるまでは長い時間がかかる。それと異なる文化を持った人にはなじめない。結果、同一性が高く、閉鎖的な組織でないと、そうした文化・社風を生かすことはできない。とくに、日本国内であればともかく、グローバル展開していくときにはそれが足かせになる。

繰り返すが、理念や文化・社風は企業の根幹そのものであり、これが重要であることは論を俟たない。しかしだからといって、それに過度に依存し顧客価値を軸にしたプロセスの定義を怠ってはならない、とご理解いただきたい。

デジタルによる能力拡張②：組織・企業レベル

さて、あらためて。前項で、90年代後半から00年代にかけて起きたホワイトカラーの生産性革命の本当のインパクトは、個人の能力の拡張ではなく**組織の能力の拡張**のほうである、と述べた。

組織の能力の拡張とは何か？　それは、この「業務プロセスの定型化→デジタル化」だ。つまり、**ホワイトカラーが関わる業務プロセスのうち定型化しデジタル化された部分**は、それが何であろうと、**「ヒトの手間ゼロ、所要時間ゼロ、差分コストゼロ、間違いゼロ」の4ゼロ**で処理されるようになったこと、である。

個人レベルにおけるホワイトカラーのＰＣによる情報処理能力の拡大は、確かに前述の通り飛躍的ではあったが、あくまでヒトを支援しているにすぎないために、**3つの限界**があった。

①**ヒトは24時間働くことはできない。**ＰＣを介して情報をインプット・加工・アウトプットする能力そのものは拡張されたとしても、その作業をするのが「ヒト」である限り、ヒトの生物としての体力のところにおのずと限界が来る。

②ＰＣはあくまで、**ヒトの作業の一部**を「手間ゼロ、所要時間ゼロ、差分コストゼロ、間違いゼロ」で処理してくれるにすぎない。たとえばＥｘｃｅｌを駆使することで「計算」業務は4ゼロ化できるが、大半のホワイトカラーにとってそうした計

算業務は仕事の一部にすぎず、それ以外の大部分は相変わらず人間がやらなくてはならない。

③ヒトには個人差がある。ＰＣに情報処理を肩代わりさせるのが上手な（いわゆるＩＴリテラシーが高い）人はよいが、下手な人はその恩恵を受けにくい。

ところが**「業務プロセス」そのものがデジタル化（ソフトウェア化）されるとどうなるか？　これらの限界がなくなる**のである。

業務プロセスのうち、定型化できるものは、それがなんであろうと、「ソフトウェアという機械」に「人間の知恵を付け」て、やらせることができる。ソフトウェアという機械を正しく設置するまでの「初期費用」はかかる。だがそれが済んだら、そこから先は「手間ゼロ、所要時間ゼロ、差分コストゼロ、間違いゼロ」でソフトウェアがやってくれるようになるのだ。

Ｅｘｃｅｌバケツリレーの解消

一番分かりやすい組織能力の拡張とは、「Ｅｘｃｅｌバケツリレーの解消」である。

あなたの会社でも、毎月行われる「役員会」のテーブルには、前月の売上や利益などの「報告資料」が置かれるだろう。

各営業部門や工場が、売上高や出荷高をＥｘｃｅｌの表にまとめて「上」に送る。上はそれをとりまとめたＥｘｃｅｌの集計ファイルをさらに上に送り、それをさらに上がとりまとめ……という作業を、多くの管理部門が、毎月・毎日行っているはずだ。

このＥｘｃｅｌバケツリレーという名の業務プロセスには時間がかかり、社員の手間がかかり、ということは人件費というコストを消費しており、そしてミスの可能性がある（次の4章冒頭のＤさんの話も参照）。


ところがこれが正しくソフトウェア化されるとどうなるか？　手間・所要時間・コスト・ミス、すべてがゼロになる。どの数値をどれと合算あるいは変換して合計を出さねばならないか、は決まっている（もしそれ以外の計算をうっかりしてしまったら、それはすべて「間違い」になる）、つまり定型作業だからだ。

そもそも「Ｅｘｃｅｌのバケツリレー」などという単語は正式には存在しない。にも関わらず、あなたはきっと聞いただけでその意味を推測できたはずだ。「Ｅｘｃｅｌによるバケツリレー」はそれくらい、日本企業のホワイトカラー業務に普遍的に存在している。

だがこれは、実は日本企業だけだ。疑うなら、Google検索で、まず「Excel バケツリレー」と日本語で、次に「Excel bucket relay」と英語で、検索してみてほしい。日本語検索には多数のヒットがある。英語検索だとまったくそれらしいヒットはない。

なぜ海外企業はバケツリレーをやらせないのか？　それは時間と手間とコストがかかる上、ミスが入り込む危険性が高すぎるので、ヒトにはやらせないからだ。

単なる「集計」だけではない。たとえば**在庫の管理**、**生産量の管理**、**売上・利益の管理**、**請求・入金の管理**、**購買管理**、**人事管理**……あらゆる業務プロセスが、正しくソフトウェア化されると、それまでその部分の作業をやっていたホワイトカラー社員の手間（と所要時間とその分の人件費とミス）はゼロになり、したがってその社員はその分、他のことに手間と時間をかけることができるようになる（本章の冒頭の**Cさんの話**の前半はその一例）。

これが2000年前後以降に起きた「ホワイトカラーの生産性革命」の本当の正体である。定型業務をヒトから剥がして**「デジタルな自働機械」**、つまり**人間の知恵を付けたソフトウェア**にやらせるようになったのだ（次ページの図表3・4）。

すると社員は、デジタルな自働機械という〝ゲタ〟が肩代わりしてくれる分だけ余力ができ、その分の脳力を非定型業務に振り向けることができる。仮にある社員の業務時間のうち定型業務の割合が50％だったとすると、その50％はまるまる浮くから、その社員の生産性は直ちに2倍になる。

この〝ゲタ〟の高さが高いほど、その業務に関わる社員全員に余力が生まれ、一方で定型業務は4ゼロで回るようになる。よって企業はこの**ゲタを整備し、さらにそれを少しずつ高めていくという競争**に入っていった。

図表3.4 ホワイトカラーの生産性革命の正体は、「人間の知恵を付けたソフトウェア」による定型業務の自働化

デジタルな自働機械で社員にゲタを履かせる

- 定型な業務プロセスは「デジタルな自働機械」に肩代わりさせる（“ゲタを履かせる”）ことができる
- 社員はその分、自分の脳力（1日分のブレインパワー）を人間にしかできない付加価値の高い非定型な業務に振り向けることができる
- ヒトが1日に発揮できる脳力の量は変わらなくても、ゲタを履かせることができれば、その分だけ余力を作ることができ、社員の生産性は高まる

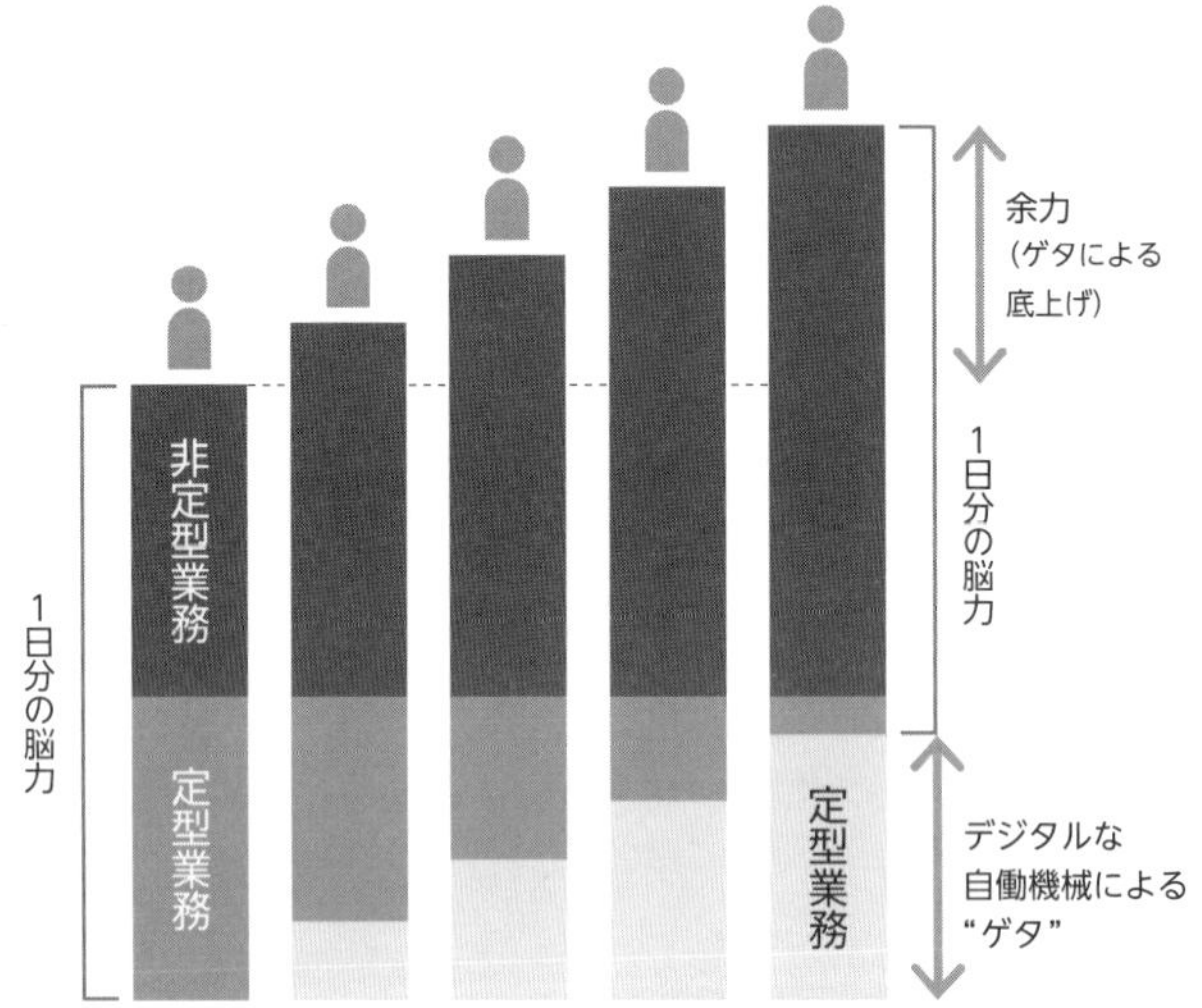

- 一方でゲタ化した定型業務は「手間ゼロ・時間ゼロ・差分コストゼロ・間違いゼロ」で回る
- 21世紀の企業は、ゲタをいかにして高くするか＝社員に価値ゼロの定型作業をできるだけやらせないか、という競争に入っている

ソフトウェア化＝機械化

これは、**ブルーカラー業務でいえば「機械化」にあたる。**ヒトが汗水たらし、時間と労力を投入して行っていた作業のうち、機械にやらせることができる部分を機械化することができれば、その部分はヒトがやらなくてよくなるから、他のことをやる時間ができる。他のこと、とは要するに機械にやらせることができない、非定型の仕事のことだが、その筆頭は**「機械に人間の知恵を付ける」**という仕事である。それまで自分たちの時間と労力を投入していた作業を機械にやらせることができるよう検討し、定型化し、機械に知恵を付けてやらせる。

ホワイトカラー業務でも構図はまったく同じだ。ヒトが時間と脳力を投入して行っていた定型作業を、機械＝ソフトウェアにやらせることができれば、ヒトはその分、他のことをやる時間ができる。他のこと、とは要するにソフトウェアにやらせることができない非定型の仕事だが、その筆頭は**「ソフトウェアに人間の知恵を付ける」**、つまり適切な設定値を与えて仕事をさせる、という仕事である。

ヒトにやらせてはいけない業務

どんな作業ならソフトウェアにやらせることができるのか？　この問いにはいろいろな答え方ができるが、一番分かりやすいのは、「パッケージ・ソフトウェアによって自働化できる業務」だ。PLM*やCRM**などさまざまなパッケージ・ソフトウェアが存在しているが、ここでは一例としてERP（統合基幹システム）を取り上げる。

要は、ERPが提供している機能なら、ERPにやらせることができる。ということは、**ERPがやれる定型業務（をホワイトカラー社員にやらせること）の価値はゼロになった。**だから欧米企業はこぞってERPを導入して、その部分をヒトから剥がしてERPにやらせ、ホワイトカラー社員にはそれ以外の非定型業務をさせるようになっていったのである。

Excelが存在しているがゆえに、ソロバンや電卓での計算をさせなくなった、のと（個人レベルと組織レベルの違いはあれど）同じ構図である。ERPだけではない。**それがどんな業務プロセスであろうと、定型でありソフトウェア化できる業務であれば、**

*PLM：Product Lifecycle Management　製品の開発から上市、廃番までのライフサイクル全体をデジタルに管理するツール

**CRM：Customer Relationship Management　顧客とのリレーション全般をデジタルに管理するツール

それらはすべてソフトウェアに任せて4ゼロで処理させることができる。ソフトウェア化したら「ヒトにやらせる価値はゼロ」になる業務であるにも関わらず、それを社員にやらせ続けるのは、大野耐一氏がいう**「人間性の尊重」にもとる**ことになる。

もちろん、ソフトウェアといえど初期費用はかかる。したがって、小規模な企業では相対的にその初期投資がしにくく、結果ソフトウェア化が遅れる傾向にあったことは事実である。

一方、社員数が1000人を超えるような大手企業では、いったんソフトウェアに人間の知恵を付けて自働化させることができると、その恩恵が何十人、何百人、何千人もの社員に及ぶので、効果に大きなレバレッジがかかり、それは以後、半永久的に寄与する。よってとくに欧米では大企業のホワイトカラーの生産性が高くなったのである。

では、そうしたホワイトカラーの生産性革命が、なぜ日本でだけ、起きなかったのか？

それには**日本のカイゼン文化が色濃く影響している。**次章にて解説する。

部分最適
VS
全体最適

Chapter

4

Dさんの話（27歳、入社4年目）

私は大手家電メーカーのテレビ事業部で働いています。

ＴＶの販売は日米欧アジアの23カ国にある販売子会社（現地法人）が担っています。すべて１００％子会社なんですが、実際には23販社がそれぞれの情報システムを持ち、別々に動いているのです。これが何を意味するか、わかりますか？　どのモデルがいくらで売れ、利益がいくら出ているのかが**事実上まったく分からない**んです。

ご存じのように、ＴＶは韓中勢との競争が激しいため、実は赤字というモデルもたくさんあります。したがって事業部としてはモデルごとの利益率を常に注視しているのですが、販社側は総売上だけがＫＰＩなので利益率をまったく気にしていない、という**組織構造面の不整合**があります。発売から2年以上経った型落ちモデルはリベートを多く付けないと売れないので赤字に陥りがちなんですが、量は出るので、販社はむしろ型落ちに力を入れたりします。販社にも利益のＫＰＩをつければすぐ解決すると思うんですが……。

各販社には毎月「販売実績」を報告させているのですが、その**粒度はバラバラ**です。こちらとしてはモデルごとの実卸売価格を知りたいのですが、それをきちんと出せる販社は2社しかなく、あとの21社は彼らの「販売単位」で報告してきます
たとえばスペインの販社は、「販売先ごと」に、すべてのモデルをまとめて報告してきます。なぜならそれらの総額に対してまとめて販促費（リベート）を付けているので、**モデルごとの「実質卸売価格」は彼らにも分からないというか、意識していない**のです。仕方なく、私がＥｘｃｅｌ上でリベートを均等割りしていますが、これだと新製品の利益率を実勢より低く、型落ちモデルの利益率は実勢より高く、ゆがんで見せてしまうはずで……。

一方で、「大規模ホテルの開業」のような、一度に１０００台とかの「大口案件」だと、ギリギリまで値段を下げるため、販社が本社に対して特別価格を申請してきます。事業部長が承認すればそれは可能なのですが、そうするとそのモデルの利益率は見た目は大赤字になります。「大量に売れたがゆえに不採算」でいいのか……。

販社から送られてくる「販売実績」のＥｘｃｅｌの**フォーマットもすべてバラバラ**です。仕方なく、Ｅｘｃｅｌマクロを使って転記しています。ええ、販社ごとに、計

23種類のマクロがあります。私の何代も前の**担当者が個人技で作った**マクロを代々引き継いで使っているのですが、たまに販社Ｅｘｃｅｌのフォーマットが少し変わったりすると、たちまち動かなくなるんですよね……そうなるともう**手作業でコピペしまくる**しかありません。作業ミスが怖いんですが、月末締めの忙しいタイミングなので、気合でやるしかありません。

で、マクロの修正は、情報システム部にいる同期に拝み倒してやってもらうのですが、もし彼がミスをしてマクロの転記が間違っていたとしても彼を責めるわけにもいきませんよね……ということは、私の責任になるんですかね……。

そして送られてくる**タイミングもまたバラバラ**。早い販社は月末締めから5営業日くらいですが、遅い販社は2週間以上かかります。最大市場である中国の販社が遅いので、結局はそれを待たないと次のステップに進めません。

とにかく、あらゆる意味で「正確ではないと分かっているデータ」が、Ｅｘｃｅｌバケツリレーで私の手元に集まり、**私の手作業でツギハギされて「作られて」いる**んです。正直、怖いですよ。だってこの数字が結局は「モデルごとの利益率」になって、製販調整会議で喧々諤々《けんけんがくがく》の議論になったり、廃番と存続が分かれたりしてるんですから。その根拠データの信頼性がこの程度だと、皆、分かっているのかしら……。

月一回の製販調整会議は、事業部としては一大イベントですから、**資料作成にもすごい工数**がかかっています。月末に締めた各販社からのＥｘｃｅｌデータをマクロ転記して、いろいろ誤差を調整して、なんとか揃うのが15日くらい。そこからの**2週間は資料作成**ですが、まず課長レビュー、次に部長レビュー。部長・課長は会議ではツッコミを受ける側なので、どう突っ込まれてもいいようにと、**隅々まで資料を準備させられ**ます。でもそれらの大半は実際には使われないんですよね。

これが毎月毎月、繰り返されます。でもそこで議論されているのは、**前月末つまり1カ月前のデータ**なんですよね。しかも私がＥｘｃｅｌで「作り上げた」データです。

そして何より、私が毎月格闘しているＥｘｃｅｌは、**お客様価値にはまったく関係がない**、という点にゲンナリします。あくまで**社内システムやプロセスの不整合を、人力で取り繕っているに**すぎない。同じ会社の中なのだから、ひとつのシステム・ひとつのプロセスにすればいいのに……。

全体最適だけが重要

さて、前章で述べた通り、多くの人や部門がスムーズに連携するために業務プロセスが定義されているわけだが、ここで重要なのは「全体最適」である。

全体最適とは文字通りの意味だが、ここでのポイントは**「ひとつの部門だけが最適化しても、顧客には意味がない」**ことだ。なぜか？　**顧客にはそれが見えないからである。**

たとえばある企業において、受注から発送までの期間を「5営業日」と顧客に約束していたとすると、その5日間の内訳がどうなっているのかは顧客には見えない。

ここで、社内に複数ある工場のひとつがカイゼンを重ねて、ある商品の顧客からの確定受注から完成までの所要時間を、これまで2日かかっていたのを1日に短縮したとする。生産性は2倍、劇的な改善である。

ところがもし、出荷部門が、これまで通り「受注から発送までは5営業日」と決めて、その通りにしていたら？　顧客の手に届くのはこれまで通りで、単に出荷部門の棚に寝ている時間が1日長くなるだけ、ということになる。

もちろん出荷部門にも言い分はある。商品ごとの出荷リードタイムにバラつきがあるので、仕方なく出荷までの日数にバッファを持たせているのだ。遅れたらクレームを受けるのはこちらだ。お客様は複数の商品をまとめて発注されることだってある。すべての工場がすべての商品を常に1日早く出してくれるならこちらだって「4営業日」に短縮するが、どうなのか？　と。

こう言われると工場側も簡単にYesとは言えない。かくして、その工場が達成した生産性2倍は、顧客からはまったく見えないままになる。


顧客の視点から見ると、部門最適には意味がなく、**意味があるのは全体最適だけ**なのである。ということは、もし企業全体としての生産性を上げようと本気で考えるのであれば、**全体で、つまり受注から発送までのエンド・トゥ・エンドで考える**以外、意味はないのだ。

部分最適の積み上げ=全体最適ではない

ここであらためて「カイゼンとは何か?」と考えてみると、カイゼンとは、業務プロセスを、作業者自身が創意工夫して、より効率よく(より短い時間で、より高い品質で、より楽に)こなせるように改善していくこと、である。

ただし、ここでひとつ注意する必要がある。**カイゼンには限界がある。**カイゼンは全体の一部を担っている作業者が、**自分の目で見えている範囲を改善するので、部分最適にしかなりようがない**のだ。

「全体最適」とは、裏返せば、「部分非最適を容認すること」である。全体が最適になるようにという視点で全体を調整すると、部分ごとに見れば非最適なところが出てくるが、それを受け入れるからこそ、全体最適になりうる。

もちろん現場も、全体最適が重要で部門最適には意味がない、ことは理解できる。だから「全体最適のためには、部門非最適であっても、喜んで受け入れよう」と考えるだろう。

だが、「では具体的にはどこをどう非最適にすれば、全体では最適になるのか?」

が分からない状況では、受け入れようもない。

かつては、各部署がそれぞれカイゼンを行えば、つまり部門最適を積み上げていけば、それがトータルでも最適に近づくはず、と見なすこともできた。しかし現在は、それだけでは刻々と変化する市場の動きにスピーディに適合していくことが困難になっている。

なぜなら**「エンド・トゥ・エンドの全体最適＝顧客視点での最適化」を可能にする「デジタルな自動機械」**が手に入るようになってしまい、**すでに世界中の企業がそれをベースにした戦いをするようになっている**からである。そうした企業は全体最適視点での変革の俊敏性もスピードも劇的に高まっている。

日本で大発達した「部門システム」の功罪

さて、前章でデジタルによるホワイトカラーの生産性革命について述べた。ホワイトカラーが関わる業務プロセスのうち「デジタルな自動機械」化されたものは、それが何であろうと「ヒトの手間ゼロ、所要時間ゼロ、差分コストゼロ、間違いゼロ」で処理されるようになったために、団体戦としての生産性が飛躍的に拡張された、と。

この業務プロセスのシステム化は、もちろん日本でも行われた。

生産管理システム、販売管理システム、在庫管理システム、会計管理システム、人事管理システム……といった名称で、各部門がそれぞれ、自部門の業務プロセスのうち定型化できる部分を**「部門システム」**に落とし込んでいった。

ロータス・ノーツやＥｘｃｅｌマクロ、ＶＢＡなどのツールを利用した、エンド・ユーザー・コンピューティング（ＥＵＣ）と呼ばれる中小規模のシステム化も大流行。それまでは自分の部門がやっていた業務をシステムに置き換えていく、というＥＵＣは、多少やる気のある現場社員が１人いればそこそこ作れてしまったので、日本のカイゼン文化にもぴったりとマッチして、とくに日本で隆盛を極めた。

こうして作られた部門システムは、確かに「デジタルな自働機械」であり、その部分については「手間ゼロ、所要時間ゼロ、差分コストゼロ、間違いゼロ」になったから、その部分の生産性は飛躍的に上がった。これがあちこちの現場で、大なり小なり行われた。

ところが。その結果、何が起きたか？「部分最適の山」である。

とある業務プロセスが最適化することそれ自体には問題はない。問題は、**それらの総体が全体最適にならなかった**ことだ。問題は、部門システムと部門システムのつなぎ目にある。結局そのつなぎの作業はヒトがやることになり、そこにボトルネックが集中することで、以下のような弊害が発生した。本章の冒頭のDさんの話はその一例であるが、あなたの周りにも、以下のような事象があるのではないだろうか。

■手間がかかる

部門システムと部門システムとの間のデータの受け渡しや変換作業がいわゆる「Excelバケツリレー」であるが、それを実際にやらされている社員にとっては、まさにバケツリレーなみの重労働であることが多い。

もっとひどいのは「二重入力」である。あるシステムから印刷した数字を見ながら、キーボードで入力していく、といった不毛な作業をさせられている社員は、きっとあなたの周りにもまだいるはずだ。

■**時間がかかり、情報の鮮度が落ちる**

本質的にはより深刻なのは、**情報の鮮度が落ちる**ことである。デジタルの処理速度に比べると、人間がやる作業は、それが5分であれ1時間であれ、ほぼ無限と言ってよいほど長い。

たとえば、後述のようにERPがつなぎの時間ゼロで処理しているのに比べると、途方もないほどの時差が発生し、その分情報は古くなっていく。

結果、たとえば役員会のテーブルに載っている「最新の実績」は、**実際には1カ月前のデータ**であったりすることがザラにある。ERPであれば1秒前までの最新のデータが見えているのに比べると、この差はあまりに大きい。

■**意味がずれ、齟齬が起きる**

部門システムはそれぞれ、それを作った部門の視点や考え方を反映して作られているので、同じ単語を使っていてもその意味が違っていたりすることがある。

典型的なのは「**売上高**」という言葉だ。販売部門システム、製造部門システム、会計システムはそれぞれ「今月の売上高」を算出するが、それらの数字は同じではないことが多い。

販売部門では「顧客からの受注」、製造部門では「工場からの出荷額」、経理部門では財務会計上「収益として認識できる金額」を売上と意識しているので、異なるのはある意味当然なのだが、実際には役員会に3通りの「売上高」が報告されたりするわけである。

「原価」も複数存在していることがある。設計段階での原価、製造部門における原価、営業部門が認識している原価は互いに異なっていることが多い。製造部門ではまったく同じ製品でも工場によって作り方が違うために原価が異なることもある。

「売上」と「原価」は利益に直結する経営上の最重要指標なのに、各部門が（部門システム上で）認識している数字が異なる。極端に言えば「この製品は赤字だ」「いや黒字だ」というレベルですれ違うわけである。

どの部門も、自部門の観点でいえば、正しい「売上高」であり「原価」である。だが全社レベルで見れば、その製品は赤字か黒字かのどちらかなのである。ということは誰かが間に入って定義を揃えるしかないのだが、それをやるメリットは部門にはないので、誰もやらない。結果、不毛な議論だけが続くことになる。

■コミュニケーション不全の元凶になる

「製販調整会議」という名の会議があなたの会社でも行われていないだろうか。販売部門が向こう数カ月の販売数量の「予測」を出し、製造部門はそれに基づいて生産量を決めるのだが、販売部門は受注できた顧客には即納したいので多めの予測を出す。

一方製造部門は言われた通りに作っていたら在庫の山になってしまうので、販売部門の予測を適当に何割か差し引いて生産する。結果、あらかじめ伝えた数量に基づいて生産しているはずなのに、ある製品は余り、ある製品は足りなくなる。足りない製品は取り合いになり、販売担当者と在庫担当者は日々「調整」という名の電話バトルに追われる。

なぜこんなことになるのか？　**部門システムの壁**をそのままにしているからだ。販売システムと製造システムをつないでお互いに見える化し、在庫コストを製造部門の責任ではなく販売部門の責任にすれば、販売部門はたちまち予測数量に慎重になる。システム＝業務プロセスの分断をそのままにしているせいで、こうした「業務プロセスの分断に起因するコミュニケーション不全」があちこちに起きている。

日本には古来「和を以て貴しとなす」文化がある。本来であれば、顧客視点での全体最適のために各部門が協力することは諸外国より実現しやすいはずだ。それができていないのは、**部門ごとにシステムとデータが分断されている状況を放置しているか**らだ。エンド・トゥ・エンドの状況が皆に見えるようになれば、現場は自ずとそれを見て調整を始めるはずだ。

■ミスや不正が発生する

人間がやっているということは、当然、その中ではミスが発生する可能性がある。また、不正が入り込む余地も生まれる。

ここ5年ほど、日本企業や官公庁では「○○不正」という事象が頻発し、企業の存続を揺るがすほどの事態になっていることが多いが、それらには一貫した特徴がある。

①つなぎ部分を手作業でやらされている現場が、
②人手が不足し仕事が回らないために、
③やむにやまれず工数をショートカットするための方策として「不正」に走ったが、
④周辺の社員もみなそうした苦境が分かっているので告発する気にもなれず、

⑤結果この「不正」が長期間、ときには数十年にもわたって続いていた、という構図である。

現場社員には「不正」つまり不当行為を働きたいという意図は毛頭なかった。むしろ問題は、こうした不正が起きうる状況、つまり単に部分が最適化するに任せ、つなぎ部分を重労働な手作業のまま放置し、何の手当ても打たなかったマネジメント側の不作為にある。「働かせ方が古いまま」だったのだ。

■属人化し、触れなくなる

EUCは現場レベルで、手軽にできる。やる気と技能のある社員が1人いれば、そこそこの部門システムができてしまう。

ところが、その1人が異動あるいは退職すると、たちまち窮地に陥る。誰も中の仕組みが分かっておらず、メンテナンスできなくなるからだ。

「デジタルな自動機械」は、インプットとアウトプットの関係が正しいと分かっているときだけ意味がある。そこが信頼できなくなったら意味がない。

図表4.1 「部分最適の積み上げ」と「全体最適」の違い

部分最適の積み上げ

- 各部門がそれぞれ「部門システム」のカイゼンを繰り返し、その部分の最適化をはかるが、その積み上げが全体最適になることはない
- 部門内は効率化されても、さまざまな部分最適が温存される

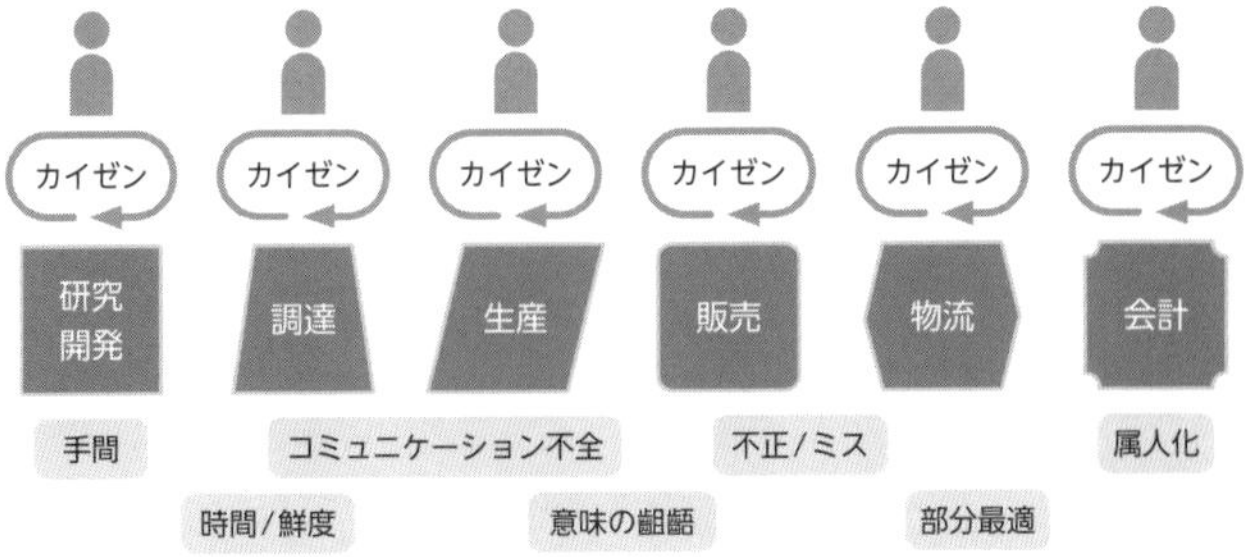

全体最適

- ERPは正しく導入すればすべての業務が最初からリアルタイムに連動するので、つなぎは不要
- データ分析機能が付属しているので、各人はそれを見ながら全体最適になるようカイゼンしていくことができる

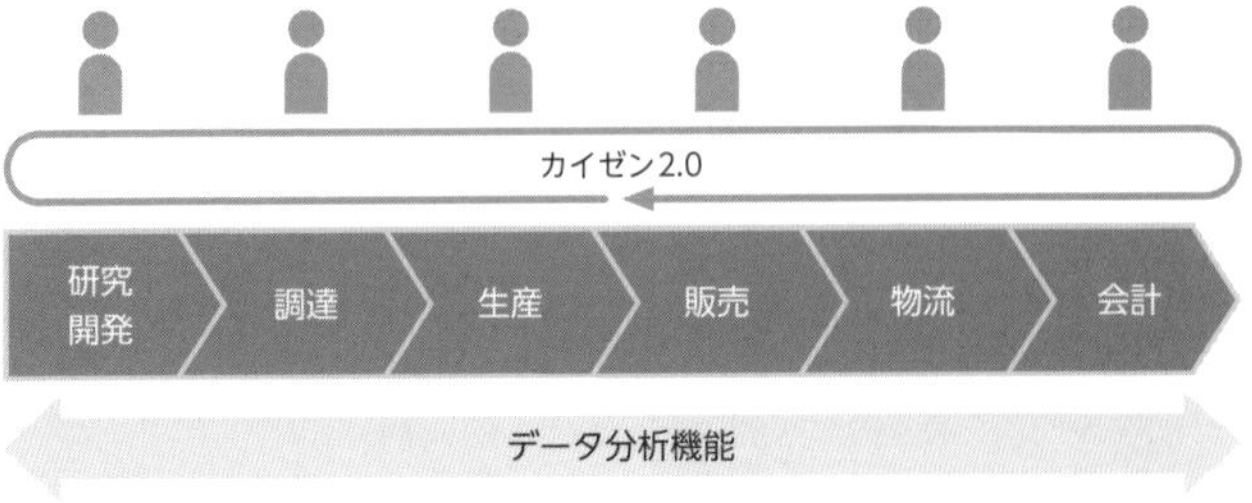

■部分最適が固定化される

この「つなぎ」作業そのものも本質的には定型である。したがって「つなぎ」部分もソフトウェアに担わせることは可能であり、実際つなぎのためのソフトウェアも開発されていった。いったん完成すれば、しばらくはその手間ゼロが実現する。

ところが事業環境は年々少しずつ変わっていくから、部門システムも本来は少しずつカイゼンされ、変わっていかなければならない。にも関わらず「一方が変わると、その影響が他システムにも及ぶが、それが具体的にどこがどう影響するのかを見極めるのは難しい」という状況が発生してしまった。結果、どちらも変えることができず、カイゼンできないお見合いが続く。

この相互につながって、がんじがらめになった状態を「スパゲッティ状態」と表現することがあるが、まさに言い得て妙、である。残念なことだが。

■不要な部分がなくならない

全体最適視点で見ると、だんだんと必要性がなくなってくる業務、も出てくる。こういうやり方に入れ替えてしまえば、そもそもこの業務、要らないよね？　と。

たとえばＦＡＸによる受注。90年代後半からＦＡＸによる受注が盛んになり、文字の読み取り精度を上げるためにＯＣＲ（文字認識ソフト）が開発され、その精度向上にしのぎを削っていた時代もあった。だが、そもそもＦＡＸ受注をなくしてＷｅｂ受注に切り替えれば、読み取りの時間もミスもゼロになる。しかしＦＡＸ受注の担当部門が「自分の業務はもう不要なのでは」と、自分たちから名乗りをあげることはない。それは当たり前だ。トップが決断するしかない。３章冒頭のＣさんの「１５０通のお手紙交換」もまた同じだ。

上記のような状況は過去形ではない。あなたの周囲にも今も、これらの構図が大なり小なり残っているのではないだろうか。部分最適と部分最適をつないでも、それが全体最適になることは決してないからだ。

こうした、ｐ１１９の図表４・１のような状況がなぜ起きたのだろうか？

繰り返すが、ホワイトカラーといえどフィジカルな媒体（紙とエンピツ）を使って行っていたうちは、現場主導のカイゼンに任せても問題はなかった。

その後、デジタルによるホワイトカラーの生産性革命が起きたときも、ＥＵＣなどの初動はむしろ日本企業のほうが早かった。

だが、**経営者が全体最適の重要性を理解できず、さらに一度構築した全体最適なプロセスであっても顧客ニーズの変化を先取りして変えていく必要があることを、認識できていなかったのかもしれない。現場主導のカイゼン文化に任せきりにして**いたため、日本企業のIT部門はいつしか「顧客」ではなく社内の「部門」がお客様になってしまい、「部門システムのスパゲティ」の呪縛にどっぷりとはまってしまった。そしてもう25年経っているわけだ。

これが2章「日本の置かれた現状」の大きな原因である。

初めから全体最適を目指した欧米企業

一方、欧米や新興国には、日本ほどのカイゼン文化はない。ボトムアップ、現場主導のEUCも日本ほどには発展しなかったから、**経営者が主導して「紙とエンピツ」ベースの業務プロセスをトップダウンでシステム化**していくしかなかった。それが結果的に彼らには幸いした。

ホワイトカラー業務のデジタル化を進めるにあたって、欧米企業の経営者は、本社つまり自分の直下に**「プロセスオフィス」**と呼ばれる、**業務プロセスのカイゼンを専門とする部署**を作った。日本企業ではほとんど見かけないが、欧米企業ではごく一般的な部署である。

プロセスオフィスで働くのは「ビジネスアナリスト」と呼ばれる、社内コンサルタント的な人材で、実際その幹部はＭＢＡを取得してコンサルティング会社勤務を経験してきたような人材が務めることが多い。ただし社外コンサルタントが期間限定で雇われ、「報告書」という紙だけを残して去っていかざるを得ないのと違い、正社員であるだけに、現場との二人三脚で、地に足のついたカイゼンに長期視点で取り組むことができる。

ビジネスアナリストは、初めからエンド・トゥ・エンド、つまり全体最適になるような改善しか考えていない。部分最適を目指す理由はないのだから当たり前である。『ザ・ゴール』で有名なＴＯＣ（制約条件理論）の通り、ボトルネックになっている工程以外は、カイゼンしても、エンド・トゥ・エンドで見れば改善しないのだ。

・ビジネスアナリストについては書籍『Process Visionary デジタル時代のプロセス変革リーダー』（山本政樹他著、プレジデント社）に詳しいので参考にされたい。

そしてこの**「最初から全体最適を目指す」**という欧米企業の経営の思想とぴったりと合ったのが、**ERP（統合基幹システム）**だった。

ERPとは何か？　ひとことで言えばERPとは、**すべての部門システムが最初から完全に連動している「全社システム」**である。部門単位でなく、会社単位で業務プロセスを「デジタルな自動機械」化し、「手間ゼロ、所要時間ゼロ、差分コストゼロ、間違いゼロ」を実現させるためのしくみだ。

ERPの導入は簡単ではなく、欧米企業においても1〜2年かかることが普通だ。それはひとことで言えば、「全体最適のために、部門非最適なプロセスを、部門に受け入れさせなければならない」からである。

だがその導入を主導しているのは部門ではなく、経営者と、その直属として全体最適を目指すプロセスオフィスだ。そして「全体最適だけが重要である、なぜならお客様に見えるのは全体最適だけだから」という正論は誰にも否定できない。

出典：『Process Visionary デジタル時代のプロセス変革リーダー』（山本政樹他著、プレジデント社）
https://www.amazon.co.jp/dp/4833451468/

　またそれをリードしているのが**IT部門ではなくプロセスオフィスである、**という点も重要である。なぜか？　全体最適のためには部門のプロセスをこう変えるべきだ、という要求がＩＴ部門からはしにくいからである。

　ＩＴ部門は高度に技術的なＩＴシステムを預かる技術者たちであり、プロセス要件をきちんとＩＴシステムに落とし込んで実現するのが本来の仕事である。業務プロセスそのもののあるべき姿を議論する、というスキルセットは持っていないのが普通だ。彼らに全社最適な「プロセス」を現場と調整して実現せよ、と要求するのは、気持ちは分かるが、そんな幅広いスキルセットを持ったスーパーマンはそうそう居ない。

　業務部門とＩＴ部門の間に入って、あくまで経営目線の中立的な立場で「全体最適なプロセス」を追求していくプロセスオフィスが主導する、というやり方を欧米企業が確立しているのは自然な流れである。

　そもそも現場にしても、**好んで「部門最適」を主張したいわけではない。**自分の守備範囲しか見えていない状態では、その範囲でしかカイゼンできないから結果的に部門最適になるというだけで、全体が見えていれば最初から全体を見ることができる。

その点でＥＲＰが有利なのは、必ず**「データ分析（アナリティクス）」の機能がセットで提供されている**ことだ。プロセスオフィスが現場と議論し、業務プロセスをいったん定義したとしても、それが本当に全体最適になっているか？はちゃんと目で確認しなければ分からない。国ごと、工場ごと、製品群ごと、などあらゆるカテゴリーにおいて差異があるし、閑散期と繁忙期でも状況は変わる。さらに外部環境が変われば、かつては最適だった業務プロセスがそうではなくなることもある。

要はカイゼンの余地は常に無限にあるが、ＥＲＰは全社のデータがリアルタイムかつ詳細に取れているので、それに基づいたカイゼンができる（ｐ１１９の図表４・１）。

※なお念のため、「ＥＲＰ」と名乗っていても、実際には「会計だけ」とか「会計と人事だけ」にしか適用していないケースが日本企業には非常に多い。よく企業とは「ヒト・モノ・カネ」と表現されるが、一番重要なのは売り物であるモノの動きであって、カネはモノの動きの結果として動くにすぎない。もしあなたの会社がＥＲＰを「経理部門システム」や「人事システム」としてしか使っていないのであれば、それを正しい「全社システム」に入れ替える必要がある。

ホワイトカラーも「ジャスト・イン・タイム」に

p31で引用した豊田章男氏の発言を再掲する。

ジャスト・イン・タイムを詰めていくということを言い換えれば、リードタイムを究極に短くしていくとゼロになるということ。その仕事自体が必要なくなれば、一番のジャスト・イン・タイム。

ここでいう「リードタイム」は、以下のうち②を意味している。

①加工、組み立てなど「正味の作業」にかかる時間
②正味の作業に取りかかれるように、さまざまな準備をしておく時間（部品を調達する、ラインの所定の箇所に置いておく、所定の順番で揃えておく、使う工具を準備しておく、金型の段取り替え、など）

この考え方はホワイトカラー業務でも基本的に同じだが、実はその効果はブルーカ

ラー業務と比べるとさらに大きい。なぜか？

ブルーカラー職場における「機械化」は、所要時間は短くはなれど、ゼロにはならない。だから①をできるだけ短くする ＋ ②は理想的にはゼロにしたい、というのが豊田章男氏の発言の意図するところだ。

ところがホワイトカラー職場における「ソフトウェア化」は、正しく行えば、所要時間は**①も②も事実上ゼロになる。**「①正味の作業にかかる時間」は、定型処理であれば事実上ゼロになることはこれまで繰り返し述べてきている通りだ。一方「②正味の作業にかかれるように、準備しておく時間」も、業務プロセスが正しくＥＲＰに乗った状態では事実上ゼロになり、浮いた工数で「他の仕事をしてもらう」ことが可能になる（図表４・２）。

たとえば一番分かりやすい、経営会議資料に載る「先月の実績」数値の報告、を考えてみよう。あなたの会社で、世界各国のオペレーションの結果を月次でとりまとめ、経営会議資料として報告されるまでのリードタイムはどのくらいだろうか？　数週間

図表4.2 ホワイトカラーの定型業務のソフトウェア化

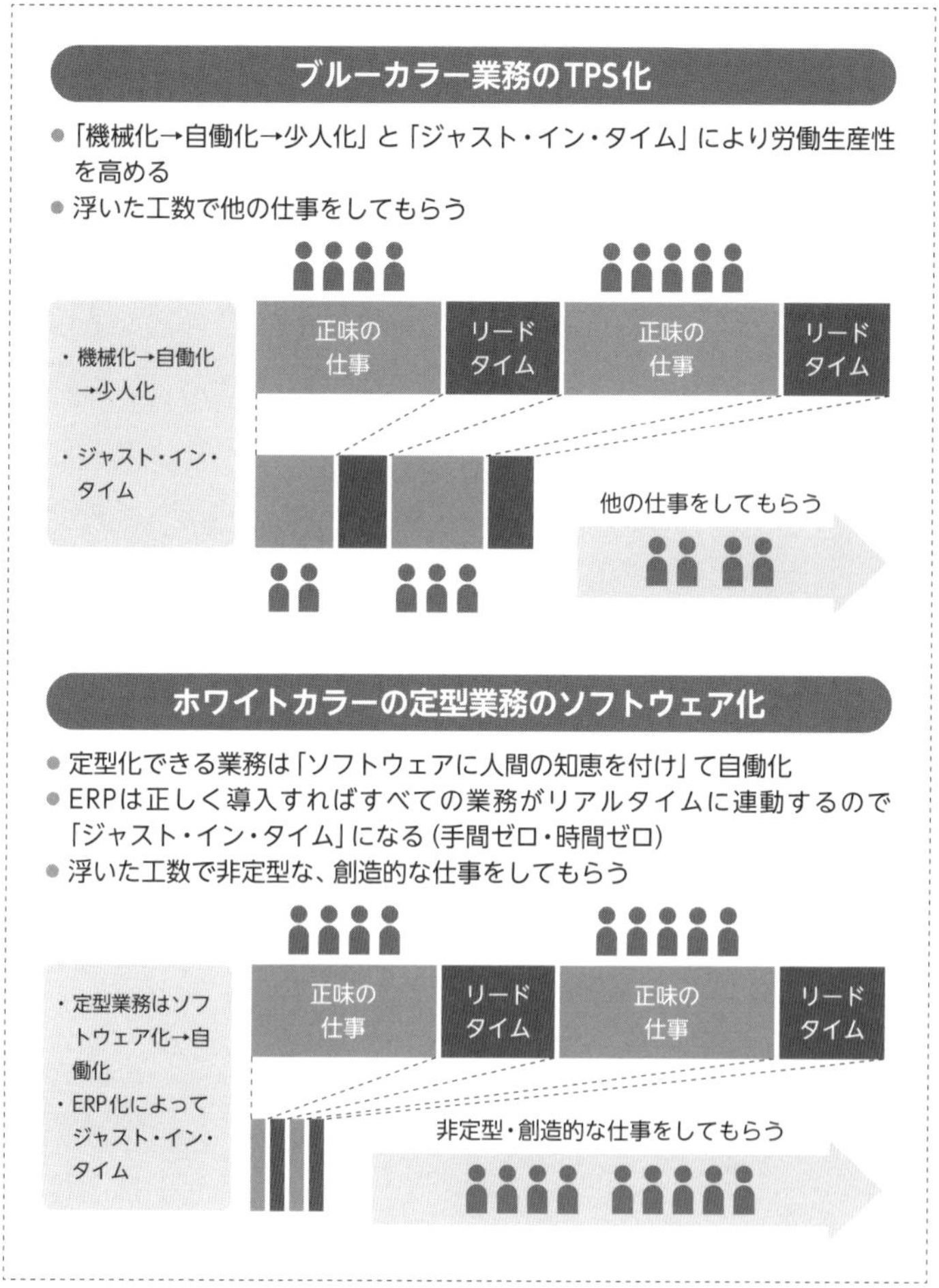
ブルーカラー業務のTPS化
●「機械化→自働化→少人化」と「ジャスト・イン・タイム」により労働生産性を高める
●浮いた工数で他の仕事をしてもらう
・機械化→自働化→少人化
・ジャスト・イン・タイム
正味の仕事
リードタイム
正味の仕事
リードタイム
他の仕事をしてもらう
ホワイトカラーの定型業務のソフトウェア化
●定型化できる業務は「ソフトウェアに人間の知恵を付け」て自働化
●ERPは正しく導入すればすべての業務がリアルタイムに連動するので「ジャスト・イン・タイム」になる（手間ゼロ・時間ゼロ）
●浮いた工数で非定型な、創造的な仕事をしてもらう
・定型業務はソフトウェア化→自働化
・ERP化によってジャスト・イン・タイム
正味の仕事
リードタイム
正味の仕事
リードタイム
非定型・創造的な仕事をしてもらう

かかっている、というケースが多いのではないだろうか。

この数週間の間に、各国の管理部門の社員の手間が膨大に費やされている。本章冒頭のDさんと同様、月初の数日はこのExcelバケツリレーのために残業だ、という社員が必ずいるはずだ。そんな状態で作業をしていれば、ミスの可能性だって増えてくる。

ただし、こと経営数値について言えば、本当の問題は社員の手間ではない。本当の問題はリードタイムの数週間のうちに**情報の鮮度が落ちる**、そして**経営判断のサイクルが遅くなる**、というところにある。

月1回の経営会議で報告を受け指示を出しているということは、経営判断のタイミングは月に1回、年12回しかないことになる。別の言い方をすれば、**「1カ月前の情報」を基にして判断**し指示を出していることになる。あなたは1カ月前の新聞を読むだろうか？　なぜ経営会議は、1カ月前の情報でヨシということになっているのか？

一方ERPを正しく導入しているあなたのライバル企業は、バケツリレーのリードタイムはゼロだ。つまり月末を待つまでもなく、毎日いつでも、**1秒前の時点での最**

新の状況を見て、必要なら現場に指示を出すことができる。つまり**「今日の情報」**を基にして経営判断を下すというサイクルを**月に30回行える**ことになる。

しかも、これは経営陣の話だけではない。その下の事業部長や支社長、管理職、さらには現場の社員のレベルでも同じである。最新の状況が見えていて、短サイクルでPDCAを回しながら仕事ができる営業社員と、1月の結果が2月末になってようやく見えてくる営業社員とでは、仕事のスピード感がまったく違う。

あなたの部下たちは、こうしたハンディキャップを背負わされたまま、つまり「先月の情報」を基にして、「昨日の情報」を基にしているライバルたちと戦わされているのだ。これでまともな競争ができるだろうか？

そしてこの差は、近い将来、**AI（人工知能）によってさらに開いてしまう。**ERPなどのデジタルな自働機械が全体最適視点で正しく導入されていると、全社のデータがリアルタイムかつ詳細に取れる。そのデータをAIに食わせることで、詳細な時系列分析や高精度の将来トレンド予測ができ、それに基づいた判断が日常的にできるようになるからだ。

日本企業のERP導入例

日本企業でもこうした、ERPを活用した業務プロセスの「デジタルな自働機械」化を実現している例がないわけではない。ここでは4社の経営トップがその導入効果を語っている動画を紹介する。いずれも3〜4分のものなので、QRコードにスマホをかざして視聴いただきたい。

・トラスコ中山
・本多通信工業
・CKD
・ライオン

各社トップが異口同音に語っているのは以下のようなポイントであることを見てとっていただけるだろう。

・デジタルな自働機械＝ERPを導入することで、ヒトがやっていた定型業務をで

きるだけ剥がしてやる

- 社員はその分余裕ができ、それを別の非定型な業務、とくにお客様対応に振り向けることができるようになった
- 部門最適ではなく、全体最適を実現した
- リアルタイムかつ詳細なデータ＝ファクトが見られるようになったので、現場社員も、経営陣も、ファクトに基づいた業務と意思決定ができるようになった
- 業務プロセスのカイゼンではなく入れ替え。これまでの仕事のやり方をいったん捨て、できるだけソフトウェアにやらせるよう再構築した

図表4.3 トラスコ中山株式会社

それができれば、何かしらの異変が現場であったとしても、すぐに気づいて対応できる。

MRO（製造副資材）の卸売業。創業1959年、売上2,681億円、社員数3,043人（連結）。DX銘柄を2020年より4年連続受賞中

- 値段ではなくお客様の利便性、圧倒的なスピードで「欲しい時に商品がすぐ届く」を追求
- 無人販売所サービス「MROストッカー」を展開。お客様は欲しい商品をチェックアウトして持っていくだけなので配送待ち時間はゼロ。肝になるのは需要予測
- 何が起きてもその兆候をリアルタイムかつ詳細に捉え、それに即応できる業務プロセスを日頃から追求している
- 自動化できる仕事はすべて自動化。社員の業務のうちデジタル化できる部分は徹底的にデジタルに振っていく
- 「現地・現物」を大切にしている。お客様のお困りごとはすべて現場にあり、ビジネスチャンスもそこにある
- ただし一人の役員が全国の支店を1日で回ることは不可能。デジタルで情報をリアルタイムかつ詳細に常時、把握していれば、何か異変が現場であったとしてもそれにすぐ気づいて対応できる

https://www.youtube.com/watch?v=9SHWofLyl8A（4:03）

図表4.4 本多通信工業株式会社

20世紀の仕事の仕方とは
大きく変えないといけない時期に来ていた

コネクター等を製造販売する。通信、FA、車載など多くのニッチ分野でナンバーワンの商品を持つ。創業1947年、売上184億円、社員数960人（連結）。2022年よりミネベアミツミグループの傘下となる

- DXで「楽勤化」を目指す。20世紀の仕事の仕方を大きく変える、過去からの当たり前をいったん捨てる
- ご注文のいただき方、納入の仕方、いろんな標準化を
- 入出庫から原価計算までの一連の流れが経理でも掴める
- 自分の仕事が楽になって、余裕ができて、他のことができるようになった
- 情報が他部署でも見られるので、課題解決がスムーズに進む
- それぞれがそれぞれの今の状態が見えるようになった
- 人が今までやっていたことをシステムにやらせた方が圧倒的に早い
- バリューチェーンやサプライチェーン全体が良くなることが大事

https://www.youtube.com/watch?v=GEQYakSWFug（2:49）

図表4.5　CKD株式会社

今のシステムの延長線上であれば仕事の改善レベルしかできませんよと

ファクトリーオートメーションを構成する各種の機器や、薬品や食品の包装機など各種の自動機械の製造・販売を行う。創業1943年、売上1,595億円、社員数4,684人（連結）。

- デジタルな基盤が整っていないと会社をグローバルな軌道に乗せられない
- 今のシステムの延長線上であれば、仕事の改善レベルしかできない
- グローバルな展開を図るために、いかに仕事を変えていくか
- 在庫の精度が大きく改善された。今までやっていた苦労は何だったんだろうかと
- ほぼ100%正確なデータが即出てくるので、経営としてはすぐに意思決定できる
- 世界と同等にデジタルを使えるようにしていかないと認められない
- 従業員が幸せになれば、それが社会のために貢献できる、これが我々の最終的な目的

https://www.youtube.com/watch?v=9jsZMboPdTU（4:53）

図表4.6 ライオン株式会社

部分最適化されたデータを見るというところの限界が

洗剤・石鹸・歯磨きなどトイレタリー用品、医薬品、通販、ペット用品、化学品を手がける大手生活用品メーカー。創業1891年、売上4,027億円、従業員7,550名(連結)。

- 部分最適化されたデータを見ながら機動性・柔軟性をもった経営をすることの限界に非常に強い危機感を感じていた
- 20年間同じシステムを使ってきたので「変わる」とはどういうことなのか全くイメージできないところが難しさ
- 各現場は素早く業務がこなせたが、複数の部門システムで同じデータを扱おうとすると矛盾やタイムラグが生じた
- 業務のやり方そのものを変えるためビジネスプロセスを理解している現場リーダーを集めてBPRという部署を作った
- 現場の社員は変化を強いられるので、その先に何が見えてくるのか経営トップから説明することが非常に重要
- 個々の知見に頼っていた業務が、可視化によって組織の知見になる、人が変わっても同じプロセスが維持できる
- 経営の我々も、経営の中で可視化を進めて議論が有意義になるようにデータを使いこなす

https://www.youtube.com/watch?v=s4jRwGmj2fM (3:53)

ここまで見てきて、動画も視聴いただき、いかがだっただろうか。自社のホワイトカラー業務もまた大小の「部分最適の山」になっている、と気づかれただろうか。一方で、「カイゼン重視」という日本企業の王道を行っていた以上、そうなったのはある意味やむを得なかったのか、とも思われたのではないか。

だが、ここであなたは、ふと思われたかもしれない。ブルーカラー業務にはトヨタ生産方式という方法論があって、ジャスト・イン・タイムと自働化・少人化によって全体最適を実現している。それなら、これをホワイトカラー業務にも適用すればいいのではないか？　と。

残念ながら、そうはいかないのだ。ホワイトカラー業務は、その本質的な性質の違いから、ブルーカラー業務で有効だった方法論であってもそれをそのまま適用することはできないのである。次章にて説明していく。

ホワイトカラー業務の本質

Chapter

5

Eさんの話（35歳、プロジェクトリーダー）

組織図上は、私の上司は課長で、その上は「部長」なんですが、部長のヨコに「担当部長」と「次長」がいます。3人とも50代、年次もほとんど一緒で、微妙にライバル関係でもあるようで、ほとんどコミュニケーションが取れていません。そして部長に説明する前にはまず次長に、次に担当部長に説明をして、それぞれ了解を得ないといけない、という慣例になっています。部長が忙しいので代わって前捌きをする、という建前なのですが、**この3人の判断ポイントがぜんぜん整合していない**ので、実際には**部長が3人いるようなもの**です。

次長には部下はおらず、会議以外の実務はあまりしていないので、時間がたっぷりあります。そのためか、説明にいくと、本筋とは関係ない隅っこばかりつついてきます。**仕事してる感、「指導」してる感**を出したいんでしょうが、本当に面倒ですよ。説明のたびに**資料作成がどんどん増えます**。でもそれらが部長説明で役に立ったことはないです。

一方で担当部長は、「報・連・相」しろとうるさい。でも上司ですから報告に行くのですが、「資料が難しすぎる。1枚にまとめろ」と。結局、ごく単純化した、分かりやすい情報しか上げません。ほんと、**上司を喜ばせるためだけのホウレンソウ**ですよ。

プロジェクトの進捗が遅れていても、進捗会議でそれが報告されることはありません。なぜなら、報告すると「なぜ遅れているのか」「どうしたら挽回できるのか」という**資料をすぐに持ってこい**となり、ただでさえパンパンな現場リーダーたちにさらに仕事が増えてしまうからです。どうしようもなくなって破裂寸前になるまでは報告しません。

現場の人間が情報を上に報告しない限り、上がそれに気づく手段はありません。上も報告を待っているだけで、下に降りてくることもありませんしね。

まあ当社では、本当に仕事をしているのは課長まで。次長から上は「**長年、上に忠誠を尽くしたご褒美**」、仕事をしなくても高い給料がもらえる「**ボーナスステージ**」み**たいなもの**ですよ。実際、部下が50人いる部長と、部下なしの担当部長は、**年次が一緒だと給料もほとんど同額**らしいです。そりゃ、やる気もなくなりますよね……。

本書冒頭で、ブルーカラーとホワイトカラーは**仕事の性質が根源的に違う**、と述べたが、具体的にはどう異なるのだろう？　ホワイトカラー業務に特有な性質、とは何なのだろうか？

本章では、この点に絞って説明していく。かなり紙幅を取っているし、抽象度が高いのでややこしく感じるかもしれない。しかし実際には、あなたの職場、あなたの部下や上司、あなた自身がどんな仕事をしているか？　と対比していくだけなので、さほど難解ではないはずだ。

1．業務で何を扱うか

ブルーカラーが扱うのは「モノ」

ブルーカラーが従事している作業の大半は、「フィジカルなモノ」を対象としている。そしてそれは、ごく一部の例外を除き、**「多数の」「均質な」**モノである。

第二次産業（製造業）が生産する工業製品がその典型なのは言うまでもない。あらゆる工場は、多数の均質なモノを作ろうとする。多数売らないと事業として成り立たないし、均質つまり一定の品質を満たしていなければ適切な値段で売れないからだ。

同様に**第一次産業**、たとえば農家が作っている野菜、漁業で水揚げする魚、林業が出荷する木材なども、できるだけ「一定の品質のものを多数」扱おうとする。理由は同じで、一定の品質を満たしたものを多数出荷すれば、それに見合った市場価格で販売でき、経営が安定するからだ。

また**第三次産業**のブルーカラーが提供するサービスもほぼ同様である。たとえば交通機関、レストラン、携帯電話回線、スーパーマーケット、病院。いずれも「多数の客に、一定の品質を保ったフィジカルなサービス」を提供しようとする。

ブルーカラーの現場は、一定の品質のフィジカルなモノやサービスを、多数、安定的に作る・届ける能力が必要なのである。

・例外として、たとえば「自家消費用の野菜」とか、「人間国宝の工芸品」など、多数でも均質でもないものを作る現場もありうるが、企業や組織の生産性について扱う本書の文脈では、これらを例外として扱っても差し支えないだろう。

・たとえばハイエンドのレストランや旅館など、個々の客に合わせたおもてなしがウリのビジネスもあるが、これらとて「その店に見合った一定の品質のサービスを全員に提供できること」が大前提だ。そのうえで、それを上回る個別化したタッチを加えることを「おもてなし」と呼ぶ。たとえば客単価3万円のレストランは、原材料費は1万円に抑える必要がある。客を喜ばせようと原材料に3万円使ってしまったら事業にならない。

ホワイトカラーが扱うのは「情報」

それに対して、ホワイトカラーが従事している作業の大半は、「情報」を対象としている。そして**情報には、モノと決定的に違う点がある。求められているのは「できるだけ有用な」情報が「ひとつ」だけである**（「多数」作る必要がない）、ということだ。

ホワイトカラーの仕事も、たいていの場合、情報を「作りあげる」（アウトプットする）ことによって結実する。例を挙げてみよう。

営業　顧客A社向けの提案書
研究開発　製品Aの型式Bの部品表（BOM）
生産管理　製品Aの生産計画書
経理　決算発表資料
企画　新商品Aの企画書
総務　施設・備品管理マニュアル
調達　購買調達ガイドライン
人事　事業戦略に合わせた人員採用計画
マーケティング　商品AのテレビCMや販促キャンペーン計画
広報　話題性のあるタイムリーなプレスリリース

これらはいずれも物理的なモノではなく「情報」である。そして情報は、ひとつあればよい。というより、もし2つあったら不都合が起きる（製品が10個あれば生産計画も10個、販促キャンペーン計画も10種類、はあるかもしれない。しかしひとつの製品について言えば、必要なのはひとつの生産計画でありひとつのキャンペーンであって、もし2つあったら混乱が生じる）。

もちろん、上に挙げたような「成果物」がはっきりとしている業務だけではない。ホワイトカラー社員が1日の大半を費やしているのは、もっと手前の「情報収集」であったり、上司への「報告」や部下への「情報共有」、関連部署との「調整・相談」や「合意形成（≒根回し）」、そしてそれらのために使う「資料作成」や「メール・電話」ではないだろうか。そしてこれらはすべて「できるだけ有用な情報をひとつだけ作る」という業務である。2章〜6章のBさん〜Fさんの毎日も、ほぼこれらで埋め尽くされている。

「一定の品質のモノを多数作る・届ける」という業務と、「できるだけ有用な情報をひとつだけ作る・届ける」という業務は、お互いにまるで違う。ということは、それをうまく行うための方法論もまた異なるはずである、ということ自体にも納得していただけることだろう（図表5・1）。

なお、「できるだけ有用な」という表現に違和感を持った方もいらっしゃるかもしれない。仕事で作る情報なのだから、有用でなければ意味がないのは分かるが、なぜ「できるだけ高品質な」ではないのか？　情報とはいえ、品質はより高いほうが良い

図表5.1 ブルーカラーとホワイトカラーが扱う対象

ブルーカラー業務	ホワイトカラー業務
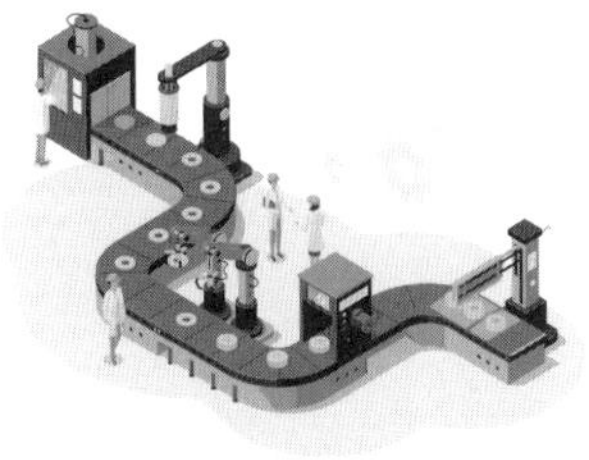	
ブルーカラーの作業対象は **「多数の」** **「一定の品質の」** **「モノ」**	ホワイトカラーの作業対象は **「ひとつの」** **「できるだけ有用な」** **「情報」**

に決まっているではないか？　実はそこが落とし穴なのだ。**モノと違い、情報は、「品質が高い情報」が「よい情報」とは限らない**のである。次項で説明していく。

・ホワイトカラーの仕事は「意思決定」である、と表現している書籍などを時々見かけるが、本当だろうか？　仕事の大半が「意思決定」であるのは、社長や取締役など、相当に上位の役職者であって、ホワイトカラー社員の大半はその意思決定が適切に行われるための準備作業に追われている。そしてその準備作業の多くは、実は機械つまりソフトウェアにやらせることができるものであり、本来ヒトにやらせていてはいけないものなのである。

・さらにいうと、その「意思決定」についても、その大半は実はソフトウェアにやらせることができる。p221～を参照のこと。

・顧客の電話に応対するコールセンターや、銀行や保険の事務センターなどは、PCを介して仕事をし情報を扱うホワイトカラーであるが、不特定「多数の」申込書類あるいは問い合わせてくるヒトを定型ルールに沿って捌くという点では、ブルーカラー的な性格を持っており、本書においては例外的なケースである。

2．情報を作る「作業量」と「価値」は比例しない

この点はあなたも、直感的にはすぐ賛同くださるのではないだろうか。私たちは皆、長い社会人経験を通じて、**情報の「価値」と、それを作るために投入したホワイトカラーの「作業量（時間）」との間には実はほとんど関係がない**、と気づいているはずだ。

ブルーカラー職場では基本的に、投入されたヒトの作業時間と、その結果として生み出される価値の量はほぼ比例する。一定の品質を持ったモノやサービスを多量に、安定的に作る・届けることがその使命なので、2倍量の価値を生産しようと思えば、2倍量の作業時間を投入しなくてはならない。

もちろん、その効率を高める（＝作業時間あたりに生産できる価値を増やす）ために、カイゼンや機械化などの工夫が行われ、その結果、効率は上がっていく。しかし完全無人化（つまり分母がゼロ）にならない限りは、その比率が変わるだけで、投入した作業量と生産される価値の間に比例関係があること自体は変わらない。

そして一般に、ブルーカラーが生産したモノやサービスは、ほぼ想定されていた価値を持ち、予定していた程度の値段で売れる。多少の値動きはあったとしても、投入した作業の対価がゼロになることは普通はない。

情報の価値は常に相対的である

一方、ホワイトカラーが作っている情報は？　こちらも時には多くの人間が関わり、多大な作業時間を投入して作っていくわけだが、そこに投入された作業量と、その結果として出来上がった情報の「価値」の間には、多くの場合、ほとんど関係がない。

それはなぜだろうか？　それは、**情報の価値は、常に、相対的だからである。**情報の価値は、その情報そのものよりも、その情報の受け取り手の状況によって圧倒的に左右される。

実は、情報そのものには価値はない。情報の価値は、①適切な相手がそれを受け取り、②その意味を理解して行動を取り、③その結果として何かしらの経済的・社会的価値が発生したとき、にしか発生しないのである。

裏を返せば、①適切な受け手に渡るか？（そもそも適切な受け手が存在するのか？を含め）、②受け手の行動に有意な影響を与えるか？　③その行動の結果として経済的・社会的価値が生まれるか？　という3つのテストがあり、その3つがすべてＹｅｓでない場合、その情報の価値はゼロなのである。

加えて、**④情報の価値には、タイミングが決定的に重要である**ことが多い。情報の価値はそのタイミングによって大きく影響を受け、タイミングがずれるとその価値はしばしばゼロになる。それは上記の②「行動を取る」かどうか、かつ③「その結果として経済的・社会的価値が生まれる」かどうか、がタイミングによって大きく左右されるからである。

この④についてもあなたは、直感的には、同意されることだろう。多少露骨な言い方をすれば、タイムリーな情報にはそれだけで抜群の価値がある一方、機を逸した情報の価値はたちまちゼロになる。そうした経験は数限りなくされてきているはずだ。

たとえば、自動車ディーラーの営業担当が作る「ご提案書」そのものには価値はない。④タイミングが適切で（どんな提案であろうと、他社で発注してしまった直後の客には意味がない）、①適切な相手に渡っており（家庭内の意思決定を握っているのは実は世帯主ではなくパートナーかもしれない）、②相手が提案の意味を理解してくれ（実は加速性能よりローンの月々支払額のほうが重要かもしれない)、そして③その結果として購入につながったときにのみ、その提案には価値があったことになる(図表5・2)。

※実のところ、この①②③④のテストがあるのは、ブルーカラーが扱うモノやサービスでも同じである。ただしモノやサービスは一般に多数作られ届けられる、つまり受け手も多数いることが普通なので、価値がゼロにはなりにくい、というだけだ。

価値ゼロの情報を見分ける4つの問い

あなたはまだ「情報そのものには価値はない」ことについて、納得できていないかもしれない。ホワイトカラーの仕事の大半は「情報を作る」ことなのだから、それが頭ごなしに否定されているように感じられたとしても無理はない。

では試しに、いくつかの「情報」において、4つのテストを当てはめてみよう。

図表5.2 情報そのものに価値はない

- 情報の価値は、
  ①適切な受け手がそれを受け取り、
  ②受け手がその意味を理解して行動を取り、
  ③その結果として経済的・社会的価値が発生したとき、
  にしか発生しない

- そして②と③がYesであるためには、
  ④情報が渡るタイミング
  が決定的に重要であることが極めて多い

- 言い換えれば、下記の**「4つのテスト」**がすべて**Yesでない限り、その情報の価値はゼロである**
  ①適切な受け手に渡るか？
  ②受け手の行動に有意な影響を与えるか？
  ③その結果として経済的・社会的価値が生まれるか？
  ④情報が渡るタイミングが適切か？

・営業が作る「顧客A社向けの提案書」そのものには価値はない。④適切なタイミングで、①その提案を求めている顧客に渡され、②受け手がそれを検討して、③結果として受注ができたとき、に初めて価値が発生する。

・生産管理が作る「製品Aの生産計画書」そのものには価値はない。④適切なタイミングで、①製品Aを求めている顧客の需要を満たしつつ、適切なコストとリードタイムの生産計画が工場に渡され、②工場がその通りに生産できて、③結果として製品Aを適切に納入できたとき、に初めて（製品Aの対価の一部として）価値が発生する。

・経理が作る「決算発表資料」そのものには価値はない。④四半期ごとの開示カレンダー通りのタイミングで、①株式市場が求めている適切な決算発表（適時開示）が常に行われ、②投資家からの信頼が得られ、③結果として株価が適正な水準に維持できたとき、に初めてそれは「よい決算発表だった」ということになる。

いかがだろうか。4つのテストのいずれかひとつでもNoであれば、その情報の価値はほぼゼロである、ということを見て取っていただけただろうか。

中には、何をいまさら、当たり前のことではないか、とお感じの方もいるかもしれない。ブルーカラーであろうとホワイトカラーであろうと、企業活動においてすべての人件費はコストであって、そのコストがリターン＝利益を出すことに結びついていれば、そのコストは正当化される、というだけだろう？　と。

その通りである。ということは、裏返して言えば、リターン＝利益に結びついていない活動については、そのコストは正当化されない、ということでもある。

つまり、あなたやあなたの部下が日々行っている**「情報収集」**と**「資料作成」**、そのための**「打ち合わせ・会議」**とその**「日程調整」**、その前の**「合意形成（≒根回し）」**やその後の**「議事録づくり」**、業務上の**「報告・連絡・相談」**、あらゆる**「メールを書くこと・読むこと」**、といった**ホワイトカラー業務の大半は**、企業レベル・投資家レベルの視点でいえば**単なるコストにすぎない**。これらの活動は、①②③④のテストを通った場合のみ、結果的に価値があったことになるのである。

この点は、**ホワイトカラーにとっては、非常に厳しい問いを突きつける。**あなたが日々行っている仕事、つまり時間を投入して作っている情報に価値があるかどうかは分からない、そしてしばしば価値はゼロである、というのだから。

一生懸命に、丁寧にやるだけではいけない

だがこの点を避けていては、ホワイトカラーの生産性の向上はできない。企業としては、価値がゼロかもしれない業務に、社員の時間を投入させ続けるわけにはいかないはずだ。

あなたは部下たちに、**常に「君たちが作っているこの情報に価値はあるか？」つまり「①②③④のテストをパスできるか？」を自問自答**させ、そうでないなら**時間の投入をやめさせなければならない**のである。そして同じ問いを、自分自身に対しても、突きつけなければならない（図表5・3）。

この点においては、ホワイトカラーという職種は、ブルーカラーよりもはるかに複雑で、その分難しい。その作業の価値は、「自分」よりもむしろ「相手」と「タイミング」という自分ではなかなかコントロールできないものによって決まる、というのだから。つまり目の前にある「作業」を、一生懸命、丁寧にやっていけば、必ず一定の成果が出るわけではない、というのである。

だがブルーカラーに言わせれば、難しいのは当たり前なのではないだろうか。ブ

図表5.3 作業量と価値の関係

ブルーカラー業務	ホワイトカラー業務

↓	↓
	?
ブルーカラーでは **投入した** **「作業量」と「価値」** **がほぼ比例する** ⬇ 目の前にある作業を 一生懸命やればよい	ホワイトカラーでは **投入した** **「作業量」と「価値」** **が比例しない** ⬇ その作業に**価値はあるか**？ を常に考えなければ ならない

ルーカラーが暑い中・寒い中でも体と頭を動かし、汗水流して価値の生産に取り組んでいる一方、ホワイトカラーは空調の効いたオフィスで座っている。それでいて一般的には、ブルーカラーより高い給料を取っているのだから、その分、仕事が複雑で難しいのは当然だろう。

- 念のため。たとえばあなたが営業部門に属していたら、「受注できなかった提案書の価値はまったくゼロではない」とおっしゃるかもしれない。「勝率はざっくり3分の1なのだから、今回は受注できなくても3回に1回は勝てる」とか、「若手にとっては提案書を作るという実践の場がスキルアップにつながる」とか。
- もちろんそうした面があることは否定しない。だが本書で言っている「価値」とはあくまで企業レベル、投資家レベルでの価値、つまり決算発表資料において「利益」としてカウントされる価値の話だ。この視点でいえば、勝てなかった提案書作りにかけた時間、若手の育成につながった時間はあくまで「コスト」である。
- ブルーカラーでも、たとえばカイゼン活動にあてる時間や、若手のスキルアップのためのトレーニング時間は確保しているが、これらはあくまで「コスト」として、つまり価値を作る活動の枠外で行っているはずだ。ホワイトカラーだけが違う考え方を適用していいのだろうか。

一方で、いいニュースもある。

ホワイトカラーが作っている情報は、ブルーカラーが作っているモノと違い、それを作るために投入した「時間」と「価値」がほとんど比例しない。ということは、これを裏返して考えるとどうなるか？　**「価値」を大幅に高めつつ、「時間」は大幅に削減できる可能性も大いにある**、ということである。

ポイントはとにかく、作業にかけた時間と価値の量が比例する**ブルーカラー業務での常識を漫然とホワイトカラーに当てはめるのをやめ、ホワイトカラー業務に適合した生産性向上策を考える**、ということに尽きる。

ひとことでいえば、ブルーカラーには、「与えられた仕事を一生懸命に、丁寧にやりなさい」という働かせ方でもよい。しかしホワイトカラーに対しては、**「一生懸命に、丁寧にやるだけではいけない。成果＝利益につながるか？を常に考えながら行い、つながらない場合には時間を投入することをやめなさい」**という働かせ方をしなければならないのである。

ドラッカーも、知識労働者にとっての時間の重要性は繰り返し強調している。

知識労働者においては、**時間の活用と浪費**の違いこそ、成果と業績に直接関わる重大な問題である。

成果をあげる者は、時間が制約要因であることを知っている。あらゆるプロセスにおいて、**成果の限界を規定するものは、もっとも欠乏した資源である。それが時間である。** 時間は、借りたり、雇ったり、買ったりすることはできない。その供給は硬直的である。需要が大きくとも、供給は増加しない。価格もない。限界効用曲線もない。簡単に消滅する。蓄積もできない。永久に過ぎ去り、決して戻らない。したがって、**時間は常に不足する。時間は他のもので代替できない。** ほかの資源ならば、限界はあっても、代替することはできる。アルミの代わりに銅で代替できる。労働の代わりに資本で代替し、肉体の代わりに知識で代替できる。時間には、その代わりになるものがない。

時間を無駄に使わせる圧力は、常に働いている。なんの成果ももたらさない仕

出典:『プロフェッショナルの条件』(ピーター・F・ドラッカー、2000年、ダイヤモンド社)
https://www.amazon.co.jp/dp/4478300593/

事が、時間の大半を奪っていく。ほとんどは無駄である。

あなたは、価値のない「作業」に部下の時間を使うのを止めさせねばならないのだ。

3. 曖昧な「定型」と「非定型」の境目

この項もおそらく、あなたはご自身の経験に照らして、直感的に同意されるだろう。だがここでは、ブルーカラー業務との対比から確認していく。

定型化

多くのブルーカラー業務は、一定の品質のモノを多数作る・届ける、という「定型」業務である。よって作業工程は基本的に決められており、それが機械（生産設備）や手順・プロセスにも落とし込まれている。

実際には、人間がやる以上、常に一定の品質を保つ、というのは簡単ではない。同じ工程を担当するワーカーどうしでも、そのスキルや経験のレベルには大きくバラッキがあるし、一人の同じ人間でも疲れてくればミスも出る。この簡単ではないことを実現するために、さまざまな工夫が凝らされてきた。

その工夫の根幹が**「定型化」**である。それぞれの作業工程を、どのような材料（インプット）に対して、どのような手順で・どの道具や機械を使い（プロセス）、どのような品質レベルで行う（アウトプット）のか、を定めることは、あらゆるブルーカラー業務の生産性の中核を占めている。製造業は言うに及ばず、第一次産業や第三次産業においても同様である。

マニュアル・手順書として明文化されている場合とそうではない場合はあるが、仮にマニュアル化されていなかったとしても、現場では必ず、先輩から後輩へ、ベテランから新人へと伝えられている「定型」があるはずだ。

あなた自身、何かしら土地勘のあるブルーカラーの現場を思い浮かべれば、その業務定型化がなされていることは容易に想像がつくだろう。製造業の現場は言うに及ばず、たとえば野菜の選別・出荷作業でも、コンビニでも、レストランでも、病院でも。

なぜ定型化するべきなのか？　それは、いったんムダのない、効率的なやり方を見つけられたら、その恩恵が非常に大きいからだ。それ以降のすべてのモノやサービスに、未来永劫、効果が及ぶ。同じ工程に従事する人員数が場合によっては数十人、数百人ということもあるし、扱う数が多いので、その効果も年間数万か数百万か、とにかくその掛け算で効いていく。

とくに製造業では、ある工程で不良品（品質基準を満たさないモノ）が作られ、次の工程に流れて組み込まれてしまうと、それが後から発覚したときのやり直しコストが莫大になるため、工程ごとに品質が確認される。品質を確認するためには、この工程では何がどうなっていなければならない、という基準、つまり「定型」が定められている必要がある。

そしてこの「定型」があるために、その現場の現在の効率をある程度客観的に、定量的に計測することができ、よってカイゼンすることが可能になっている。というより、定型化されていなければ、そもそもカイゼンもできない。よく言われる、「計測できなければ改善できない」というやつだ。

もちろん、すべてのブルーカラー職場がトヨタの生産工場のような高度に効率化された現場ばかりではない。しかし多くの現場、とくに日本人ワーカーが差配する現場では、たとえばコンビニの店頭などでも（そしてワクチン接種会場でも）、常にカイゼンが繰り返され、より効率よく、そして顧客に喜ばれる作業手順が生み出され、日々カイゼンされている。

機械化

ブルーカラー業務が定型化されるもう一つの要因は「機械化」である。

現代の製造装置（生産設備）は、正しく導入しさえすれば、人間には到底できないレベルの品質とスピードを安定的に実現してくれる。

組み立て系製造業であれば、1000トンを超える力で鉄板を自動車のボディに形づくるプレス機、部品を一瞬で持ち上げて所定の位置に持ってくる7軸ロボット、ミクロン単位の精密さで部品を削るNC旋盤、ナノメートル（0.000,000,001メートル）単位で回路を作る半導体製造装置などなど。

プロセス系（石油化学、素材、金属など）製造業では、すべての処理がタンクやパイプや炉の中で行われ、もはや人間がその姿を目にする機会すらない。

大野耐一氏の『トヨタ生産方式』も、現場では「機械」が使われていることが大前提となっており、ヒトがどう動けば機械を正常に動かし続けることができるか、という観点から話が組み立てられている。

製造業に限らない。たとえばヒトの比率が高いサービス業でも、「機械」は積極的に導入されており、そして機械化された部分は圧倒的な生産性でヒトを助けている。たとえばスーパーの店頭でＰＯＳレジが止まったら？　鉄道駅で自動改札機が止まったら？　現場はたちまち阿鼻叫喚となるだろう。いまさら手作業に戻れるだろうか？

このように、現代のブルーカラー職場では、多くの仕事が機械によって行われており、機械のやっている仕事を人間が（機械なしで）代替することなどとっくに不可能になっている。そしてこれは、作業内容が「定型化」されているからできること、である。機械には定型のことしかできない。というより、機械は定型なことを定められた通りにやれるからこそ価値がある。

そして機械化は一般に、ブルーカラー業務とは相性がよい。一定の品質のフィジカルなモノやサービスを、多数、安定的に作る・届ける能力が必要な一方で、その作っている・届けているサービスの価値が安定しているので、設備投資をしても回収できる可能性が高いからだ。

・なお念のため。ブルーカラーの労働者が「定型化」「機械化」を好んでいるわけではまったくない。むしろ正反対である。決められた通りの手順で、決められた通りのタクトタイムで、ガツンガツンと動く機械の周りで働くのは、決して楽しくもうれしくもないはずだ。ただ、そうすることが現代の職場が競争力を保つためには事実上唯一の選択肢であり、それをこなすことが求められている、と理解しているからやっているだけのことだ。

もちろんブルーカラーにも「非定型」な業務もある。たとえばカイゼンのための活動やQC活動などは、まさに非定型だと言っていいだろう。また技能アップのための研修なども、それ自体は非定型かもしれない。

だがカイゼンにしても研修にしても、それが本業という人はいない。あくまで本業の傍らで、本業の効率アップのために、全体の一部の時間を割いて実施するものだろう。その意味ではやはり、ブルーカラーの現場は定型業務がメインである。

ソフトウェア化

ここまでブルーカラー業務の定型化と機械化を通じたカイゼンについて見てきた。ではホワイトカラー業務はどうなのだろうか？

そもそも**ホワイトカラー業務における「機械化」**とは何だろうか？　それは前章で見てきた通り、**「ソフトウェア化」**である。

前述の通り、ホワイトカラーが作り、届けているのはモノではなく「情報」である。言い換えれば、**ホワイトカラーが行っているすべての作業とは「情報を収集（インプット）し、処理（プロセス）し、誰かに届ける（アウトプット）」**ことに他ならない。

そしてこの情報の処理そのものについて言えば、デジタル（ソフトウェア）の能力はヒトと比べケタ違いに高い。ホワイトカラーの業務は、ソフトウェア化できれば、その部分の品質や生産性を、ヒトがやるよりも圧倒的に高くすることができる。したがって本来は、ホワイトカラー業務もできるだけ機械化つまりソフトウェア化していくべきなのだ。

ところが実際には、ホワイトカラーの業務のかなりの割合が、ソフトウェア化されていない。なぜか？　それは、ホワイトカラー業務は本質的に「定型化されにくい・できない」性質を多く持つからだ。

ホワイトカラー業務が定型化されない6つの理由

■①作り・届けるのが情報という無形物なので、機械化せずともこなせてしまう

前項で見たように、現代のブルーカラー職場では、「一定の品質」のモノを「多数」作り・届け続けるためには、ある程度の機械化が必須であり、機械化するためにはその部分を定型化しなくてはならない。

ところがホワイトカラーは、作るモノが「情報」なので、機械がなくても作れてしまう。PCという「情報の入出力＋加工デバイス」つまり「工具」は必要だが、人間よりはるかに強力・高速・高精度に動く「機械」はなくても作れてしまう。

■ **②こなす数が少ないので、定型化するコストが相対的に大きく、メリットが小さい**

そもそも定型化する、つまり「どのようなプロセスを踏めばベストなものが作れるかを見定め、明文化する」という作業にも、相応の時間やコストがかかる。

ブルーカラーは多数のモノを作るので、そうしたコストをかけても元が取れるが、ホワイトカラーが作る情報は基本的に1つ。たとえば商品が20種類あれば×20にはなるかもしれないが、それでもせいぜい数十という単位なので、元が取りにくい。

ちなみにこれは日本企業のような在職期間が長い企業で、とくに顕著な傾向である。一般に在籍期間が短い海外企業では、入社した人が「まず手順を覚える」ことをしなくてはならないので、標準手順が明文化されていることのニーズが高い。一方日本企業では明文化のコストをかけずとも皆がそれを知っており、たまに入ってくる新人は周りの人に聞いて覚えてもらったほうがコストが低い、ということになる。

■ **③定型化できるほどの知見・経験がないこともある**

まったく初めて作る情報はもちろんのこと、何度かやったことがある程度では、手探りで進めざるを得ず、「よい作り方」を定めるほどの知見や経験はたまりにくい。

ブルーカラーは繰り返し多数のモノを作るからこそ、徐々に定型化ができていくが、ホワイトカラーではそうはいかないこともある。

■④情報の価値は常に相対的なので、単に「作業」手順を定めてもそれが価値につながりにくい

ブルーカラーは多数のモノに一定の品質と価値を持たせるため、作業手順を定型化する。

一方ホワイトカラーは、前項で見たように、定められた作業手順を踏んでも価値が出せないことがままある一方で、手順を踏まなくても価値が出せてしまうこともあるがゆえに、手順を定型化するというモチベーションが働きにくい。

たとえば、100ページフルカラーで情報満載の提案書を作っても、A4ペラ1枚箇条書きの提案に負けることはある。とくにタイミングを逸した場合は。そうなると、手順を定型化し情報の品質を上げるよりも、それ以外の要素で勝負しようとなることは、ある意味やむを得ない。

■⑤ヒトは極めて柔軟であり、その柔軟性が喜ばれることも多い

機械（ソフトウェア）化すると、定型処理しかできない。だがヒトは柔軟なので、顧客や上司の要望に合わせて、手順を変え、柔軟に対応することができてしまう。そしてそれが喜ばれることも多い。「顧客の要望に柔軟に対応することこそが自分の仕事」「わが社の強み」という意識にまで達してしまうこともよくある。

そしてそれは、「おもてなし」という言葉が異常なほどの好感を持って受け取られる日本において、とくに顕著である。本来おもてなしとは、p144でコメントした通り、一定の定型化ができたうえでのプラスアルファであるべきなのだが。

■⑥皆、非定型が好きである

そもそも、他人に指示された通り・決められた手順通りにやるのが好きな人はいない。なぜならその手順を覚えなくてはならず、そして手順通りにやらないとハネられてやり直しをさせられるからだ。それがうれしい人間はいない。それよりは自分に裁量があり、その中で自由に（＝非定型に）進められるほうが楽しいに決まっている。

また定型化されている手順は勝手にカイゼンできない。つまり自分のやり方でやったらうまくいったから、今日からはこの手順に変更します！　ということができない（関係者全員を説得したうえで、標準手順そのものを改定する、というプロセスを経なければならない）。カイゼンが推奨される日本の現場において、カイゼンできないというのは、非常にストレスになる。一方定型化せず非定型扱いのままにしておけば、どんなカイゼンでもやり放題だし、自分しかできない、という役割や居場所を創ることにもつながる。

手順通りにやったところで「人並み」になるだけで、人並み以上にはならない。それなら定型化などせず、「自分のやり方」でやったほうが差別化できる。**とくに上位職（たとえば役員）ほど、「非定型こそが自分の付加価値であり、自分のやっていることは非定型だ」と考える傾向が強い。**実際にはそんなことはなくても、だ。

p166でも述べた通り、ブルーカラー社員が定型化を「好んでいる」わけではない。単に職務上、要求されているからそうしているだけだ。ということは、ホワイトカラー社員とて、「嫌いだ」からといって「しなくてよい」ということにはならないはずなのだが。

図表5.4　ホワイトカラー業務が定型化されにくい6つの理由

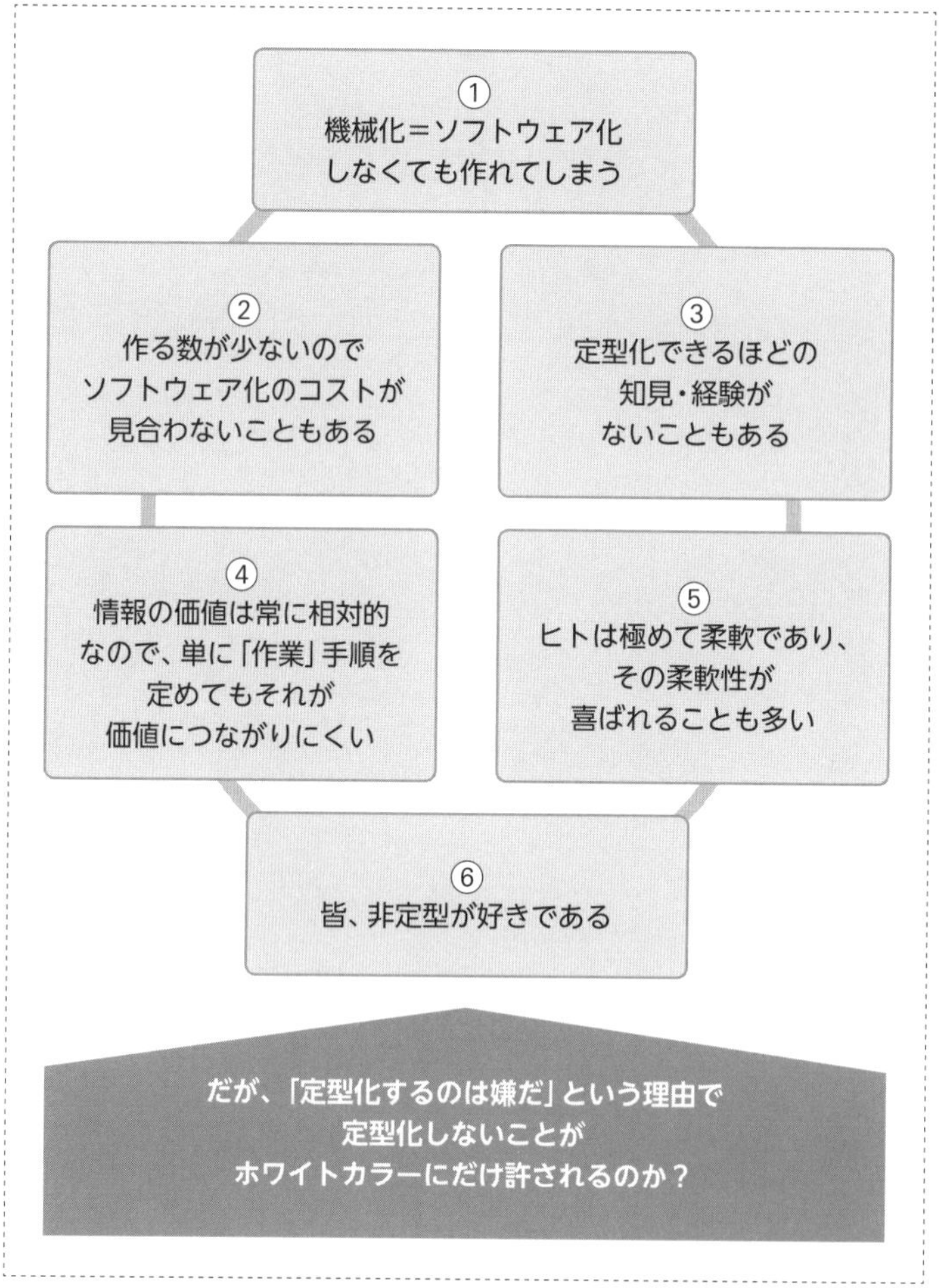
①
機械化＝ソフトウェア化
しなくても作れてしまう
②
作る数が少ないので
ソフトウェア化のコストが
見合わないこともある
③
定型化できるほどの
知見・経験が
ないこともある
④
情報の価値は常に相対的
なので、単に「作業」手順を
定めてもそれが
価値につながりにくい
⑤
ヒトは極めて柔軟であり、
その柔軟性が
喜ばれることも多い
⑥
皆、非定型が好きである
だが、「定型化するのは嫌だ」という理由で
定型化しないことが
ホワイトカラーにだけ許されるのか？

＊　＊　＊

以上、6つもあるとは驚きだが、ことほどさように、ホワイトカラー業務は定型化されにくい（前ページの図表5・4）。だが、第3章、とくにp98の図表3・4あたりで見たように、定型化しなければデジタルな自動機械という〝ゲタ〟に肩代わりさせることはできず、それによって余力を生み出すこともできないのである。

4. 「見える化」がしにくい

ほとんどのブルーカラー業務は、目に見える物理的なモノを扱うので、目で見る管理（見える化）がやりやすい。

それに対し、ホワイトカラーが作っている情報は、**見える化が圧倒的にやりにくい。**

これもいくつかの複合要因であるが、とりあえず3点挙げておくと、

①そもそも情報とは、現代の企業においてはほぼ100%、デジタル的に管理されている。つまり分かりやすく言うと「どこかのコンピューターの中」にある。し

かし、PCの中にある情報はほぼ見えない。そのPCの所有者本人でさえ、フォルダを開かない限りほとんど見えないし、ましてや隣の席の同僚や上司にはほぼまったく見えない。

②前々項で見たように、情報の「価値」とは極めて相対的であり、その**情報単体では「良品」と「不良品」の区別をつけることはほぼ不可能**である。ホワイトカラーが扱っている情報の大半は、次の工程へのインプットとなるいわば「部品」にあたるが、部品の段階ではその情報の良い・悪いは判定できない。それができるのは前述の4つのテストが終わったとき=情報が完成して適切な相手に渡った後である。とくに情報の「鮮度」(新しさ)は決定的に重要になることが多いのだが、この鮮度も目で見る管理は難しい。

③前項で見た通り、ホワイトカラー業務の大半が「非定型業務」として扱われている。

以上のすべての性質により、ホワイトカラー業務は見える化がしにくく、ブルーカラー業務のような「目で見る管理」は適用できない。ということは、やはり、ブルーカラー業務に対するカイゼンのアプローチをそのままホワイトカラー業務に当てはめるのは難しいのである。

＊　＊　＊

ここまで見てきて、いかがだっただろうか。カイゼンさえ実施していれば生産性は上がると信じていたのに、それはブルーカラー職場だけで、ホワイトカラー職場にはそのままでは当てはまらない、と分かったらショックを受けられたかもしれない。

だが中には、ボトムアップのカイゼンだけが生産性を上げる方法ではないはず、とお考えになった方もいらっしゃるだろう。うちのホワイトカラーだってバカじゃない、なんとかしてムダを省く方法を自ら考え、実践してきているはずだ、と。

残念ながら、さらに悪いニュースをお伝えしなくてはならない。

ホワイトカラー職場では、**2つの理由によって、現場が「自ら考え、実践する」ことはできない**のである。次章にて見ていく。

図表5.5 ブルーカラー業務とホワイトカラー業務の4つの違い

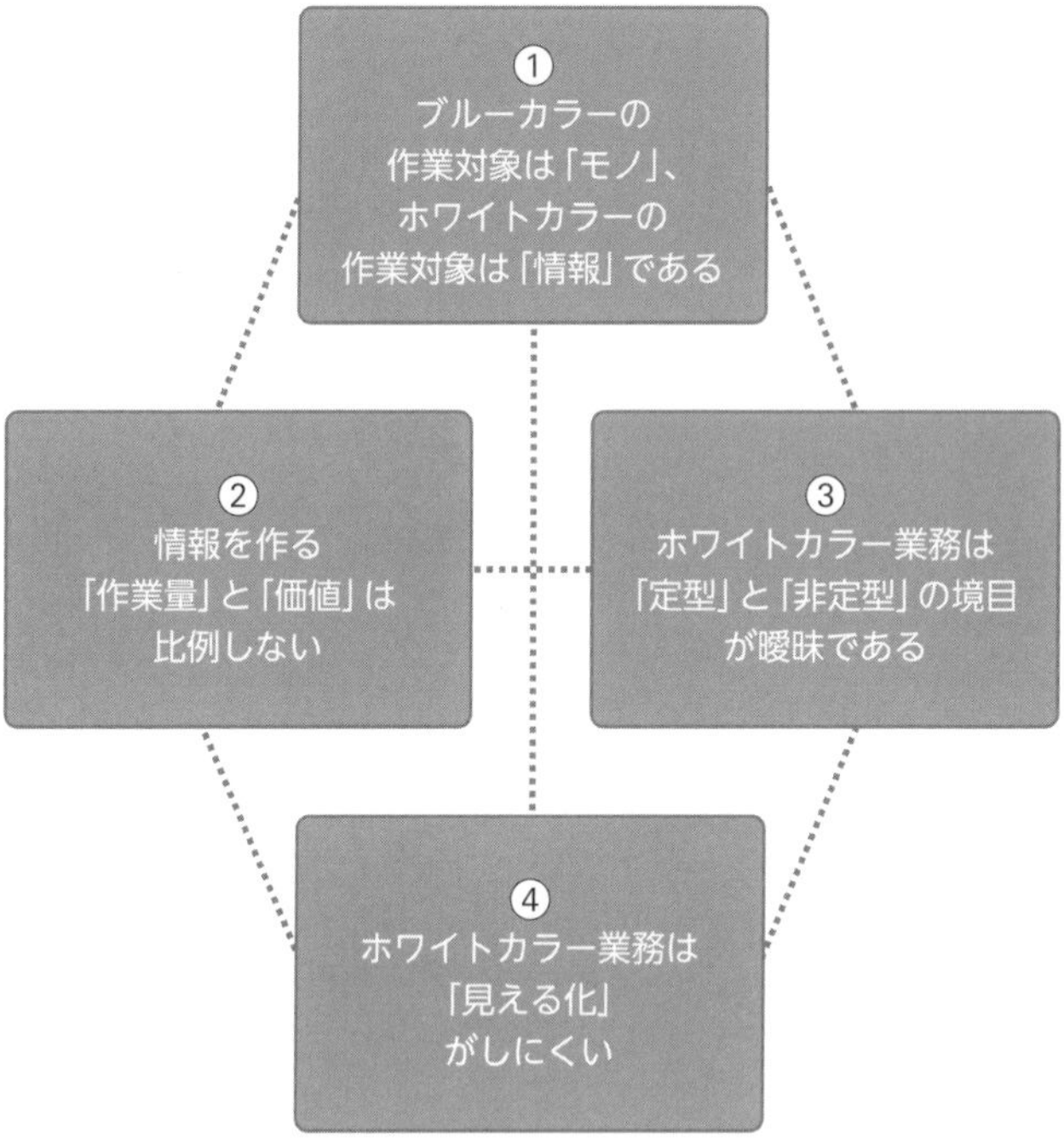

ブルーカラーとホワイトカラーは4つの点で仕事の性質が根源的に異なる。これら4つの特徴は相互に関連しておりMECEではないが、ホワイトカラーの生産性の向上を考えるうえでは決定的に重要である。

Column

ホワイトカラーはシロアリ？

トヨタ生産方式に基づく現場改善を指導するコンサルタントとして高名な鈴村尚久氏は、著書『トヨタ生産方式の逆襲』（文春新書）において、以下のように痛烈にホワイトカラーを批判している。

鈴村尚久氏：大野耐一氏の右腕として共にトヨタ生産方式を磨き上げた鈴村喜久男氏の子息で、やはりトヨタ自動車でトヨタ生産方式の指導に従事し、後に独立してコンサルタントとしてトヨタ生産方式を指導している。

工場での作業改善など生産性向上対策には目が届くのに、開発や営業、物流などホワイトカラーの生産性向上については野放しになっている例も散見します。

一般論ですが、生産現場でも非正規雇用化やアウトソーシングが進んだため、ブルーカラーの労務費削減はかなり進んでいます。その一方で、多くの工場では、

出典：『トヨタ生産方式の逆襲』（鈴村尚久著、文春新書）
https://www.amazon.co.jp/dp/4166609688

生産管理部や経理部、計画部、物流部、調達部といった名称の管理部門が肥大化しています。仕事の効率化のためには、今やホワイトカラーの働き方こそ見直さなければ、会社の収益改善にならない瀬戸際に追い込まれています。

大概は、工場の努力を、ホワイトカラーが食いつぶしている事例ばかりです。「シロアリ」のように会社の屋台骨に群がっていることも多々ありました。

私がモノ造りの上流である「造り」から下流の「売り」までのフローで一貫した流れの中で指導を行うのは、そこに関与しているホワイトカラーのピント外れで無駄な仕事を取り除き、本来やるべきもっと付加価値の高い仕事に向かわせたいからです。

その一方で、利害関係を調整したり、仕事内容も複雑化してきたホワイトカラーの業務は、それ自体が外から見えづらく、それ故に、社内でも改革に着手しようという判断が働きにくくなっています。そして、多少皮肉めいた言い方になりますが、高学歴で賢い方が多いので「言い訳」がうまく、改革を遅らせる要因にもなっています。

実は私の指導とは、製造現場で行うものだけではなく、むしろ企業の本社機能に巣食っているホワイトカラーとの「戦い」であり、「知恵比べ」でもあるのです。

表現の厳しさに驚かれる向きもあろうが、それだけ氏の苛立ちがあったということの表れでもあろう。ただし同書でも、ホワイトカラーの生産性とトヨタ生産方式の関係についてはとくに言及はない。

現場主導の
カイゼンによる
生産性アップの限界

Chapter

6

Fさんの話（30代、企画部門）

複数の部門にまたがる業務プロセスを少しでもカイゼンしようとすると、**ほとんど関係のない部門まで含めて、あちこちに事前説明・根回し・調整が必須**です。なぜならよその部長が「**俺は聞いてない**」というだけで反対する理由になるからです。要は仕事が既得権益化してしまっているんですよね。

でも事前説明に行くと、ほんのわずかでも業務負荷が増えそうなら、必ず反対されます。「上流プロセスのここで一度チェックしておけば、下流でお客様に迷惑をかけるトラブルが減るんです」と説明しても、「ウチには余分な人手はない」の一点張りです。

ところが、うちの部長も助けてはくれません。会議で「俺は聞いてない」という反対の声が出るとすぐ、「すみません調整不足で」といったん引き下がってしまい、**後で「調整不足だ」と私が怒られます。** でも、部の利害が対立するからこそ、部長どうしの会議で調整するんじゃないんですかね？　私みたいな、権限もない一介の社員にどうしろと……。

現場主導のカイゼンによる生産性アップの限界。

章タイトルからして、乱暴なことを……とお感じになったかもしれない。が、これが単なる暴論なのか、それとも正鵠を射るものなのか、この章をお読みいただいて、じっくりと考えてみていただきたい。

そもそも生産性とは？ 「生産性を上げる」とは？

生産性について論じるなら、まずその生産性とは具体的には何のことなのか？ の理解を合わせておかないことには、議論が無駄にすれ違ってしまうので、まずそこから始めたい。

ホワイトカラーの生産性が高い／低いという議論がされるとき、それは実際には**「労働生産性」**を意図していることがほとんどだろう。労働生産性とは投入した労働力に対してどのようなリターンが得られたか、であり一般的には以下のような割り算（分数）で表現される。

労働生産性＝利益÷人数

これが「生産性」である。つまり生産性を高めたいのであれば、要はこの分数において分子側を増やす、または分母側を減らす、のいずれかを行う必要がある。

・分子側は「付加価値」と表現することもあるが、ここではよりリアルな「金額」に意識を向けていただきたいので「利益」と表現した。

これが何を意味するか？　**「生産性を上げる」には、「同じ人数で利益を増やす」か「同じ利益で人数を減らす」かしかない**（またはその両方）、ということだ。

つまり、労働生産性の議論をするのなら、**「改善する」「効率を上げる」「ムダを省く」といった曖昧な表現は無意味**なのだ。結果として**「利益が増えたのか？」または「人数が減ったのか？」以外は意味がない**のである（図表6・1）。

図表6.1 労働生産性を上げるには

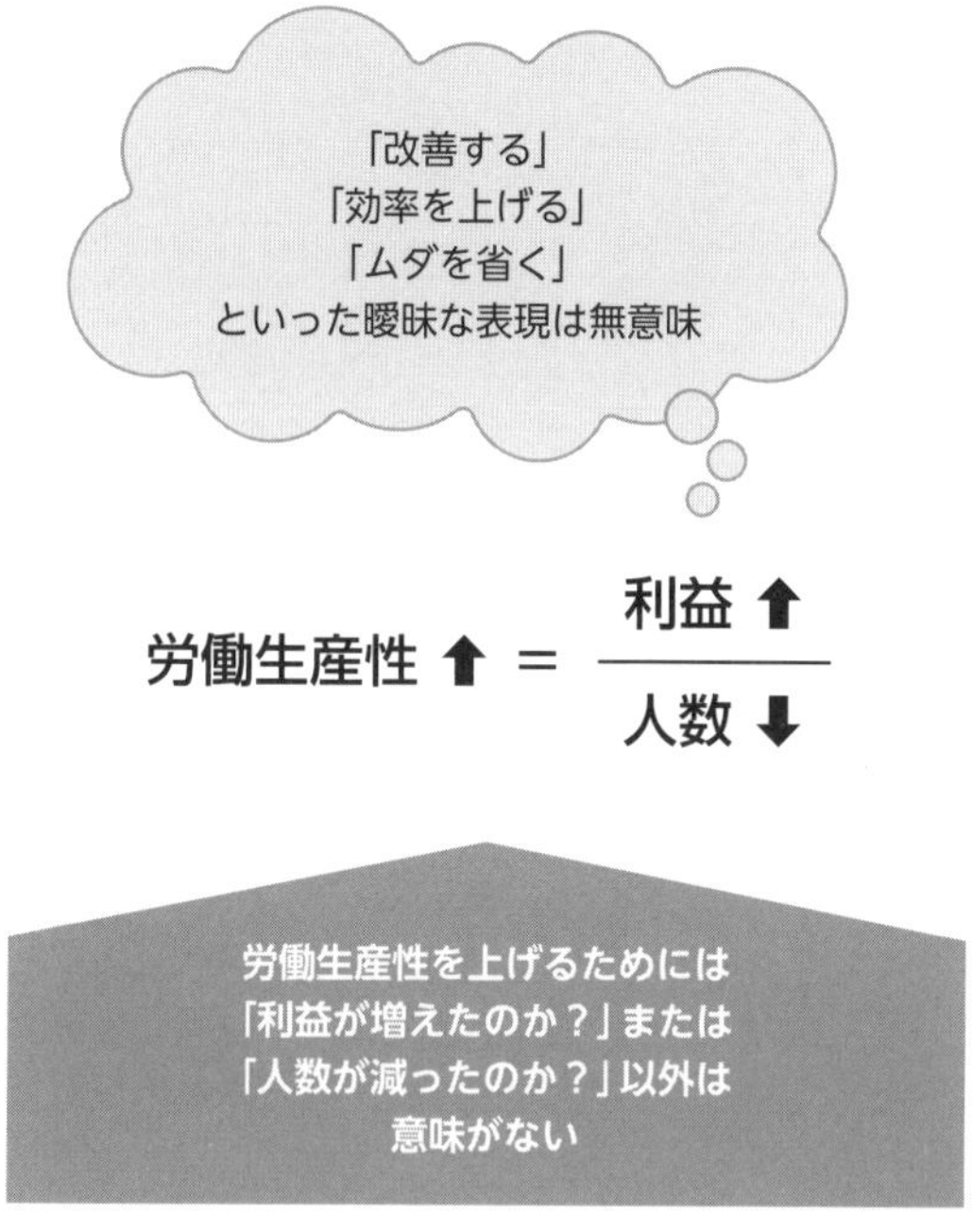
「改善する」
「効率を上げる」
「ムダを省く」
といった曖昧な表現は無意味
労働生産性 ⬆ ＝ 利益 ⬆ / 人数 ⬇
労働生産性を上げるためには
「利益が増えたのか？」または
「人数が減ったのか？」以外は
意味がない

「改善する」「効率を上げる」「ムダを省く」ではなく、利益に対して人数を減らす努力をしない限り、労働生産性は上がらない。

少人化しない限り、労働生産性は上がらない

ではここで、あなたの会社について伺いたい。御社のホワイトカラー職場では、

ア．「利益を増やす」ための努力をしておられるだろうか？

↓答えはもちろんイエスだろう。そうしていない会社があるはずもない。

ただし、「人数を増やさずに」利益を増やそうとしているか？　別の表現をすれば、利益が増えても人数は増やさないための努力をしているか？

ここがポイントである。

イ．では、「人数を減らす」努力をしておられるだろうか？

↓こちらはどうか？

理論上は「人数は同じでも、1人あたりの給与を下げる」という選択肢もありうるが、それが現実的ではないことは言うまでもない。同じ仕事をしている従業員の給与を下げていくような企業に中長期的に人が集まるはずもない。

もちろん日本企業では、どのような文脈であれ、人員削減は簡単ではない。ほぼ不可能だった昔ほどではないにせよ、人数を減らすことには、ありとあらゆる摩擦がついて回る。一方、「雇用を守る」というメッセージは、ほぼ無条件に支持される。ことの是非はさておき、それが今も、日本における「空気」と言って差し支えないだろう。

だが、ここであなたも気づいたはずだ。トヨタ生産方式の中核を成すブルーカラー職場の「少人化」と何が違うのか？　と。ブルーカラーなら人数を減らしてよいのか？

1章でも見た通り、大野耐一氏が少人化を唱えた理由は3つある。

①少人化すると、その工程の生産性が高まってコストが減り、会社として利益を増やすことができ、それをより高い給与として社員に還元することができる。

②より少ない人数で多くの仕事ができるようにすることは、社員の働きがいをより高め、人間性を尊重することになる。

③余った人員は、他の仕事に回ってもらうことができる。つまり他の領域で不足している人手を補うことができる（そのために多能工化も推奨している。ある工程しかでき

ない、という「職人」を育ててしまうと、その工程の効率が上がって人員が余っても、他の工程に移動できない）。

ただしこの③は、回ってもらう先の「他の仕事」が常にあることが前提である。常に新たな人手を必要とする、新規の事業が用意できるか？　という点で経営者に対しても「厳しいＷＩＮ―ＷＩＮ」を突きつける。

この構図は、ホワイトカラーでも同じではないのか？　その通りである。放っておいても売上と利益が伸びて、分子側が増えていた高度成長期はさておき、低成長が続く現在の日本では、**「少人化」しない限り、労働生産性は上がらない**のである。

トヨタ生産方式は単なるカイゼン活動ではない。少人化圧力をかけ続け、実際により少ない人数で工程を回そうとし続けたからこそ、労働生産性が上がったのである。

では、少人化圧力がかかっていないホワイトカラー職場ではどうなるか？　主に以下の2つの理由により、**ホワイトカラーの職場では、現場主導のカイゼンによって生産性を高めることはできない**のである。

1. 改善した分、他の作業をしてしまう

ホワイトカラーの場合、先述のように現状では非定型業務が大半を占めており、さらにそのかなりの割合を「グレーゾーン業務」が占めている。**グレーゾーン業務とは、「社内的には意味はあるが、顧客価値という点ではほとんど意味がない」業務**である。

莫大なグレーゾーン業務

たとえばp155で列記した、「情報収集」と「資料作成」、そのための「打ち合わせ・会議」とその「日程調整」、その前の「合意形成(≒根回し)」やその後の「議事録づくり」、業務上の「報告・連絡・相談」、あらゆる「メールを書くこと・読むこと」、といったホワイトカラー業務の大半は、グレーゾーン業務である。

もちろん、職務遂行上、絶対にやらなくてはいけない「必須」業務も一定量ある。だがその上にかなりの幅で、「社内的には意味はあるが、顧客価値という点ではほとんど意味がない」業務が積み上がっている、というのが実態ではないだろうか。

試しにあなたも、あなた自身やあなたの部下たちの1日の、あるいは1週間の作業

時間の内訳を見てみていただきたい。大半が上記の「グレーゾーン業務」に該当することに気づいて、われながらびっくりされるのではないだろうか。多くのホワイトカラーはもはや「グレーカラー」に改称したほうがよいかもしれない。

こうしたグレーゾーン業務は、「ムダ」なのだろうか？

必ずしもムダとは言い切れない。やらないよりは、やったほうが良い。より確実に仕事が進む、より関係者にスムーズに受け入れられる、よりリスクが減る、より〇〇である……100％ムダではない。

だがしかし、やらなかったからといって、ただちに売上や利益が減ったりするわけではない。裏返していうと、やったからといって、売上や利益（労働生産性の分子側）が増えるわけでもない。ということは、やはり「グレーゾーン」なのである。

さて、こうしたグレーゾーン業務がたくさんある中で、それらのうちの一部をあなたや、あなたの部下たちはやっており、残りはやらないでいる。では最終的に何が線を引いている、つまり「やる」と「やらない」を分けているのだろうか？

それは**「業務時間」（あなた個人、またはあなたの部門に属する人員の業務時間の合計）**である、ということがほとんどだろう。なぜこの線まではやったのか？　それは業務時間に収まったからだ。なぜこの線より上はやらなかったのか？　それは業務時間に収まらなかったからだ。

別にこの線から上が「ムダだから」「重要ではないから」と判断して、やらなかったわけではない。単に、時間が足りなかったからだ。つまり、**価値基準ではなく、時間を基準とした線引き**をしていることになる。

これが何を意味するか？

仮にあなたの部門にメンバーが10人いたところに1名増員されたらどうなるか？　こなせる業務量が1割増えるから、この線が上に移動する。つまりこれまでは時間の都合で諦めていた業務がこなせるようになる。

あるいはメンバーは10人のままでも、作業効率が10％上がったらどうなるか？　やはり、この線が上に移動し、これまで諦めていた業務がこなせるようになる。

どちらのケースでも、決して**「効率が上がったから少人化」しよう、とはならない。ということは、労働生産性は上がらない**のである（次ページの図表6・2を参照）。

図表6.2　ホワイトカラー業務の構造

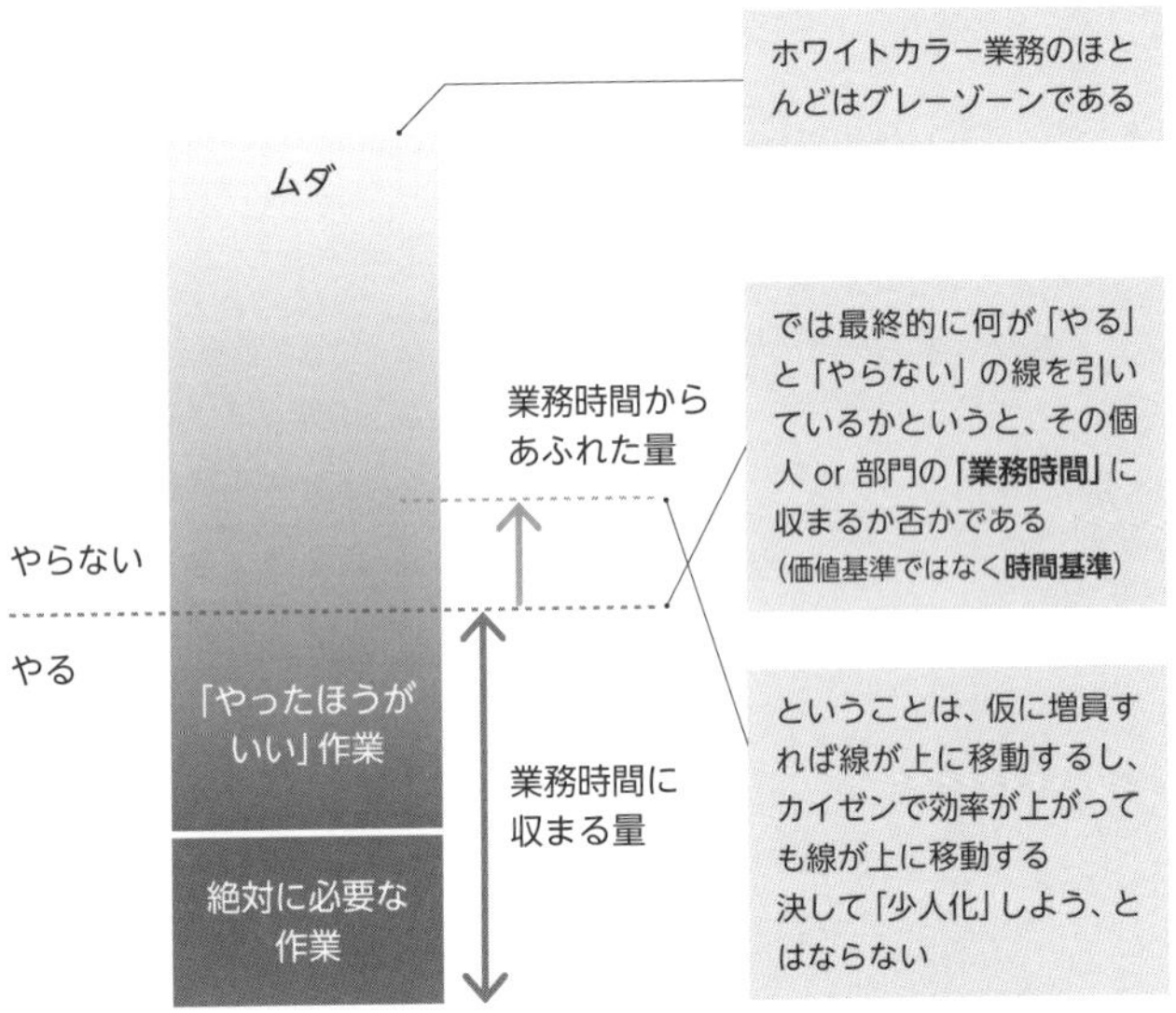

ホワイトカラー業務では、現場主導の改善によって生産性を高めることはできない。なぜなら、改善した分、他の作業をしてしまうから。もし最終的に「少人化」（によって人的リソースを他に振り向けること）が目標なのであれば、最初からその数値目標を示す他はない。

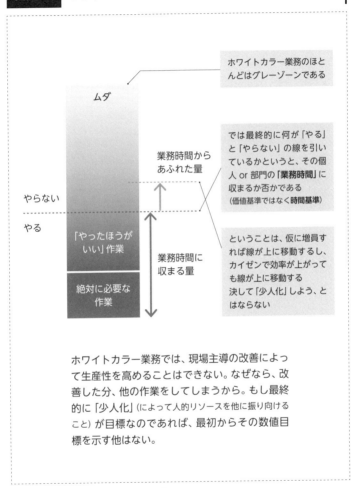

ではどうしたらよいのか？　**最初から「少人化」**（によって人を他に振り向けること）**を目標にする**しかない。

トヨタ生産方式の目的は少人化による生産性の向上である。繰り返すがブルーカラーがそれを「好き」なわけではない。これまで5人でやっていた仕事を4人でできるように努力するのはなぜか？　それは少人化圧力があるからである。

ホワイトカラー職場も同じである。やっているホワイトカラーたちが**好むと好まざるに関わらず、「少人化圧力」をかけない限り、効率化が進んだとしても、生産性は上がらない**のである。

かつての高度成長期、つまり国全体で生産量＝売上高がどんどん増えていた時期には、少人化を考えなくても、自ずと労働生産性は上がっていたと言えるかもしれない。だが経済成長がほぼフラットになってから、もう20年以上経っているのである。こうした状況では「少人化」しない限り、生産性は上がらない。

2. 現場は「増やす」ことはできても「やめる」ことができない

もうひとつの話は、より深刻である。

カイゼンの2つの鉄則

日本のすべての職場で奨励され、今日も実践されている、ボトムアップ・現場主導のカイゼン活動には、明示的に意識されているか否かに関わらず、2つの鉄則がある。

①「今より良い」なら良く、改善幅は問われない

今よりも、たとえほんのわずかでも良くなるのであれば、それは立派なカイゼンである。効率がどのくらい向上したのか、その改善幅は問われない。たったそれだけしか向上しないのか、それならやらなくても一緒だな、などと言われることはない。

たとえば、この観点でしばしば見受けられるのは「ペーパーレス化」である。「このカイゼンで、紙の使用量が○○○枚減ります！」という報告はされるが、「で、それはいったい何円にあたるのか？」などと突っ込まれることはない。

・ちなみにペーパーレス化の本当の価値は「紙」の削減そのものではなく、その紙を作る・あるいはそれを読む・処理する・整理するのに投入される「ヒトの作業時間」の削減であり、その価値は紙の値段の何ケタも大きい。だが、残念ながらその点が問われることはほとんどない。なぜなら前項の通り、作業時間が削減された分ほかの仕事をしてしまうため、少人化につながらないからだ。

②現状のやり方を維持するのが大前提

カイゼンは、現在やっていることそのものの是非は問わず、そのうえで100％「ムダ」と言い切れるところを探し、それを削ることだけを考える。

そもそもこのグレーゾーン作業をやめてしまえば、まるまる時間の節約になりますよね？　という提案はカイゼンにはならない。なぜなら、ホワイトカラー業務の多くがグレーゾーンであることは皆分かっているからである。

別の表現をすれば、**トレードオフはできない**。今と違う、こういうやり方をすれば、こういうダウンサイド（リスク）はあるが、その分こういうアップサイド（リターン）が大きく取れる、というトレードオフ提案はカイゼンでは基本的にスコープ外である。

なぜか？　現場は仕事を「増やす」ことはできても、勝手に「やめる」ことはできないからだ。**上が（しかるべき責任者が）「その作業はやめていい」と言ってやらない限り、**現場の判断でやめることはできないのである。

ちなみに。現場の判断で作業を「やめる」ことはできないが、「増やす」ことはできる。その結果、仕事量がどんどん膨れ上がる。念のためダブルチェックもしたほうがいい、念のため事前に説明を、念のため2人体制で……といった傾向はあなたの職場にもあるのではないだろうか？

こうして作業を増やすことは、「リスクを減らす」「丁寧な仕事」として称賛され、それにかかる時間が問われることは、不思議なことに日本ではほとんどない。だからグレーゾーンがどんどん膨れ上がる（これは日本のホワイトカラーだけの現象である。日本以外の国では常に時間を問われるので、「増やす」ことの是非は常に問われる）。

ムダを削り、正味の作業をさせよ、という。だが100％ムダな作業などというものは存在しない。相対的に必要性の低い（やらなければ軽微な影響はあるかもしれないが、実質ほとんど影響のない）グレーゾーン業務だけが大量にあるのだ。

「ムダを削る→少人化する→生産性が上がる」のではない。
「少人化する→相対的にムダな作業が削られる→生産性が上がる」のである。

トップダウンの改善活動

一方で、日本国内で実施されているケースは非常に少ないが、トップダウン、経営主導の改善活動というものもある。この特徴は、**目標値が「上」あるいは「外」から示されること**である。たとえば、「現在の2分の1の人員で、または2分の1のリードタイムで、あるいは2分の1のコストで、やれる方法を考えてください」といったものだ。

日本のどの現場も、すでに知恵と汗を絞ってギリギリと効率を上げてきている。それをさらにいきなり2倍にせよと言われたらどうなるか？

もちろん現場は、最初は「無理です」と言うだろう。だが経営も遊びで言っているわけではない。その必要があるから言うのだとしたら？　現場に対しては、「難しいのは承知で、やれる方法を考えてくれ」と言うしかない。

図表6.3 ホワイトカラー業務の生産性改善の課題

ボトムアップ（現場主導）の改善

- 目標値は**「今より良い」**こと（絶対値は問われない）

↓

- **トレードオフはない範囲で**（現状の良いところはすべて守りつつ）考える
- 100%「ムダ」と言い切れるところを探しそれだけを削る
- 現状のやり方そのものは変えず、それをさらに改善することを考える（内発動機）

トップダウン（経営主導）の改善

- 目標値が「上」あるいは「外」から示される（例：「現在の½の人員で or ½のリードタイムで or ½のコストでやれる方法を考えてください」）

↓

- **トレードオフがある前提**で、制約を外して考え、実施する
- 「ムダ」とは言い切れなくても優先順位が低いことを削る
- 現状のやり方ではできない、強い外部要請があるからやる（外発動機）

ホワイトカラー業務では、現場主導の改善によって生産性を高めることはできない。なぜなら、現場は「増やす」ことはできても「やめる」ことができないから。トップダウン目標（＝少人化目標）がない限り、結局、生産性は上がらない。

すると現場はどうするか？　「2分の1の人員（orリードタイムorコスト）でやることが前提であるならば、カイゼンのレベルでは到底無理。大胆に、これまでとは違うやり方を取り入れるしかない」と考えるだろう（本章末、p205のコラムも参照）。

まず、トレードオフがある前提で、制約を外して考え、実施する。次に、「ムダ」とは言い切れなくても、優先順位が低いグレーゾーン業務はどんどん削っていく。

これなら、ホワイトカラー職場でも、労働生産性を2倍にする（つまり、同じ仕事を半分の人員でやり、余らせた人員を「他の仕事」に振り向ける）ことができる（右の図表6・3）。

上が「やめていい」と言ってやる例

ちなみに大野耐一氏の時代ではなく、現在のトヨタでは、社内に以下のようなポスターが大きく貼られているという。

①会議のムダ――「決まらない会議」「決めない人も出る会議」を開いていませんか？
②根回しのムダ――自分の〝安心〟のために、〝全員〟に事前回りをしていませんか？

③資料のムダ――報告のためだけに資料を作っていませんか？　Ａ４／Ａ３一枚以上の資料を準備していませんか？

④調整のムダ――実務で調整していても進まない案件を、「頑張って」調整しようとしていませんか？　そういった案件は、すぐに上位に相談しましょう。

⑤上司のプライドのムダ――自分に報告がなかったという理由だけで、「私は聞いていない」と言っていませんか？　上司がこう言うと、②根回し③資料のムダが発生します。情報は上司自ら取りに行きましょう。

⑥マンネリのムダ――「今までやっているから」という理由だけで、続けている業務はありませんか？

⑦「ごっこ」のムダ――事前に練ったシナリオ通りの〝シャンシャン〟会議をしていませんか？　決めようとせず、その周辺ばかりをつつくことで議論した気になっていませんか？

ご覧いただけただろうか？　これが上が「やめていい」と言ってやる例だ。ホワイトカラー業務の中でもムダの属性を分析し、７つの「グレーゾーン業務」に気づいて、「やめていい」と言っているトヨタはさすがである。

出典：プレジデントオンライン『「私は聞いていない」という上司はムダな存在…トヨタ社内に貼ってある「仕事の7つのムダ」のすさまじさ』
https://president.jp/articles/-/63215?page=4

経営者の「働かせ方」が間違っている

ブルーカラーでもホワイトカラーでも、トップダウン目標（＝少人化目標）がない限り、結局、生産性は上がらない。

ということは？　企業経営のリーダーであるあなたに課せられた責務は、ホワイトカラー部門に対しても少人化圧力をかけ、実際に「より少ない人数で、価値のある業務だけを実行させる」「グレーゾーン業務に対しては『やめていい』と言ってやる」ことなのだ。そうしない限り、ホワイトカラー職場の労働生産性は上がらないのだから。

お分かりいただけただろうか？　**トップが現場に対して「カイゼンせよ、ムダを省け」と言うのは、無意味なだけでなく、無責任なのだ。**上が言わなくてはならないのは、**「少人化せよ、そのためにはグレーゾーン業務をやめていい」**だ。「100％ムダ」と言い切れる業務などホワイトカラーの現場にはないのだから。

ホワイトカラーでもブルーカラーでも、企業経営にとってヒトは価値の源泉であるが、人件費はコストだ。コストは少ないほどよい。したがってコストをかけてよいのは、コストをかけてよいと正当化できる場合に限られる。

そのためにブルーカラー職場では、できるだけ定型化→機械化を進め、ヒトは機械化できない部分に特化しつつ、「少人化」を進める、という努力がなされている。ホワイトカラー職場でも本来、定型化→ソフトウェア化を進め、ヒトは定型化できない非定型業務に特化しつつ、「少人化」を進める、という努力をさせるべきなのだ。

「少人化なんてとんでもない、今でさえ仕事が回っていなくて、社員が疲弊しているのに」とお感じの方もいらっしゃるだろう。現場はそう思うかもしれない。

だが企業リーダーであるあなたは、その考え方ではいけない。そもそも**「仕事を回している」のが「人間」であるところに問題がある**のだ。定型化できるところを機械／ソフトウェアにやらせ、その部分は「自働化」する「しくみ」を考え、構築するのがあなたの仕事だ。

大野氏は以下のようにも述べている。

「自働化」をどのように進めるかは、各生産現場の管理・監督者の知恵のだしどころである。肝心な点は、機械に人間の知恵を付けることであるが、同時に「作業者＝人間の単なる動きを、いかにニンベンの付いた働きにするか」である。

あなたは部下とあなた自身の**「動き」**を**「働き」**に、**「作業」**を**「仕事」**に変える努力をしなければならないのである。

欧米企業は以前からそうしている

ちなみにホワイトカラーに対するコスト意識と「少人化」圧力については、**欧米の企業は、何十年も前から、そうしている。**

とくに投資家（株式市場）からの利益率の要求が厳しいアメリカでは、CEOは常に利益率を高める圧力にさらされている。簡単に言えば「2年間の任期のうちに利益率を○○％に高めよ。それができないならあなたをクビにして、できる人間をCEOに据えます」というのが、アメリカ企業の株主のCEOに対する基本姿勢である。

そうした環境においては、CEOにもあまり選択肢は残されていない。ブルーカラー職場だけでなく、ホワイトカラー職場に対しても、少人化による効率の改善を突きつけるのは、ある意味当たり前だ。そうしなければ、自分が先にクビになるのだから。

ＣＥＯだけではない。アメリカ企業はどこでも、部門長はおおむね「労働生産性を毎年１割改善せよ」という圧力にさらされている。売上や利益が毎年１割以上伸びているなら、人数を減らす必要はない。だが売上や利益がフラットな環境であれば、「あなたの部署は10人で仕事をしていますね。では来年からは９人でやってください。再来年は８人でやってください。できないというのなら、あなたをクビにして、できる人を部門長にします」ということになる。

このような立場に立たされたＣＥＯや部門長はどうするか？　①機械化つまりソフトウェア化によって、より少ない人数で仕事が回るよう務めるとともに、②グレーゾーン業務は「やめていい」と言ってやる、のが一番確実な方策である。

部門長の仕事は、しくみを人力で「回す」ことではない。**自働するしくみを「作る」**ことなのである。

Column

3%のコストダウンは難しいが、3割ならばすぐにできる

本章のトピックに関連して、興味深いエピソードがGQジャパンの「作家、野地秩嘉の一行のことば」に紹介されていたので引用する。

「3%のコストダウンは難しいが、3割ならばすぐにできる」

この文句はカーラジオのコストダウンをするときに松下幸之助が事業部長に語ったものだ。以前、松下電器はトヨタから車載のカーラジオについて、毎年、3%のコストダウンを求められていた。ところが、ある年のこと、アメリカに輸出する車のために、突如、「3割、安くしてくれないか」と相談されたのである。

担当の事業部は無理だと判断し、断ることにした。だが、松下幸之助は「まあ、よく考えろ」と諭したという。

「3%だったら、今までの延長線上でコストダウンを考える。しかし、3割下げるには商品設計からやり直さなければならない。そうだとしたら、3割は無理で

はない。やってみよう」

結局、すべてについてゼロから設計をやり直し、なんとかコストダウンを達成したという。松下幸之助が言いたかったこととは、今までの延長線上で物事を処理するなということ、そして、一見、無理に思えるようなことでも、とにかく深く考えてから結論を出せということだ。

カイゼンでは難しくても、トレードオフを許容すればできる、ということの一例ではないだろうか。

GQジャパン「作家、野地 秩嘉の一行のことば」(2011年5月30日)
https://www.gqjapan.jp/life/business/20110530/2423

日本型BPR 2.0
＝変革の仕組み化

Chapter

7

BPR、ビジネス・プロセス・リエンジニアリングは、2000年前後に世界を席巻し、ホワイトカラーの生産性革命の教科書となったが、日本ではついに理解も実践もされないまま今日に至っている。なぜならBPRは、「何を（WHAT）するべきか」については提示したが、日本ではそれを**「どのように（HOW）適用していくか」の部分に、日本特有の壁があった**からだ。

ではどうしたらよいのか？　本書ではこれを**「日本型BPR 2・0」**と呼ぶことにする。BPRの基本コンセプトは変わらないが、これに**日本企業に向けた「7つのHOW」**、日本企業に「どのように」適用していけばよいか、の方法論を加えたものだ。別の表現をするなら**「変革の仕組み化」**、つまり**カイゼンではない「変革」**を兼任者によるプロジェクトに丸投げせず、**「仕組み」として推進していく**ための方法論である。

ではそれはどのようなものなのか？　この7章では、とある日本企業A社で「日本型BPR 2・0」を実行している執行役員Sさんに、語り部として登場いただく。

あなたの会社で日本型BPR 2・0を実践したらどうなるか？　脳内であなたの会社に置き換えながら読み進めていただきたい。

Sさんの話（52歳、執行役員 業務変革本部長）

みなさん初めまして、Sと申します。A社の執行役員 業務変革本部長を務めています。入社して30年です。

当社が日本型BPR 2・0に着手して、ちょうど5年が経過しました。まだまだ道半ばではあるのですが、今日は当社のここまでの取り組みについてご紹介しますね。

当社がこの取り組みを開始したのは5年前、現在もCEOであるTが社長に就任した直後のことでした。当時の当社の状況はというと、

・決算自体は黒字。円安、原油高、資源高、海運渋滞、といったVUCAの波に晒されながらも、社員のガンバリもあり、毎年なんとか1～3％成長を続けてきた
・ただし既存事業への依存度が高く、新しい事業の柱を作ることが急務
・ブルーカラーの現場力は高く、品質にも高い評価
・一方ホワイトカラーは、エンゲージメントの低下が深刻。社員は長時間勤務に疲弊しており、とくに中間管理職が深刻。若年層の退社も多い

新社長のTは、以前、海外子会社で社長を務めていました。そのときの経験と対比して、当社の現状には大きな危機感を抱いていたようです。

そんな時に、「COO養成塾*」という名の〝塾〟に参加し、ケーススタディの他社事例をつぶさに観察したことで、この「日本型BPR 2・0」という手法の有効性を確信したTは、それまで当社にはなかった**「業務変革本部」**を設置して、当時は事業部長のひとりだった私を執行役員・本部長に任命しました。

部署名は大仰ですが、実態は社長直属スタッフの一人、という位置付けでした。

1.「経営のしくみ」が時代遅れになっていると自覚する

以下は、Tが社長就任にあたって、部長以上の幹部社員を集めて行った「所信表明演説」の前半を、社内イントラネットに掲載したものです。

――◇――

海外子会社から戻った私は、当社の「経営のしくみ」が、子会社と比べてもはるか

*COO養成塾についてはp269を参照

に時代遅れになっていることにショックを受けました。

人は城、人は石垣、人は堀？

90年代半ばまでの、ホワイトカラーも紙とエンピツで仕事をしていた時代までは、「企業」とは要するに「ヒト」であり、そうした人たちを束ねる「文化（社風）」でできていました。たとえばトップからの「指揮命令」や、現場からの「状況報告」も、組織図のピラミッドに沿って、つまり人伝い・口伝いで行われており、1段ごとに時間を要するのはやむを得ないことでした。

こうした時代までは、武田信玄の名言「人は城、人は石垣、人は堀」が日本企業の経営のしくみを見事に表現していたと言えるでしょう（p213の図表7・1）。

ブルーカラー、ホワイトカラーともに、業務を回しているのは要するに人であり、「現場力」こそが日本企業の競争力の源でした。

日本企業が得意としていたオペレーショナル・エクセレンスは、現場社員のたゆぬカイゼンや創意工夫によって作られていくものでした。

ところがちょうど21世紀に切り替わるころに起こった、デジタルによるホワイトカラーの生産性革命によって、企業の経営のしくみは（日本を除いて）すっかり置き換わってしまいました。

業務プロセスが正しくデジタル化されると「ヒトの手間ゼロ、所要時間ゼロ、差分コストゼロ、間違いゼロ」の4ゼロで回すことができる時代には、企業の屋台骨は「業務プロセス」とそれを支える「ソフトウェア」が支えています。21世紀の城・石垣・堀は、**全社最適化されたソフトウェアに落とし込まれた業務プロセス**なのです。

デジタル時代のオペレーショナル・エクセレンス

この時代においては、**ホワイトカラー社員の仕事は、もはや業務を「人力で回す」ことではありません。**「業務プロセスが全社最適化されたソフトウェアに落とし込まれて、しっかりと回っている状態を作る」ことであり、次にさらなる改善の余地を求めて「業務プロセスとソフトウェアをさらにカイゼンしていく」ことです。

これが、21世紀におけるオペレーショナル・エクセレンスの追求です。

図表7.1 日本企業の経営のしくみが時代遅れになっている

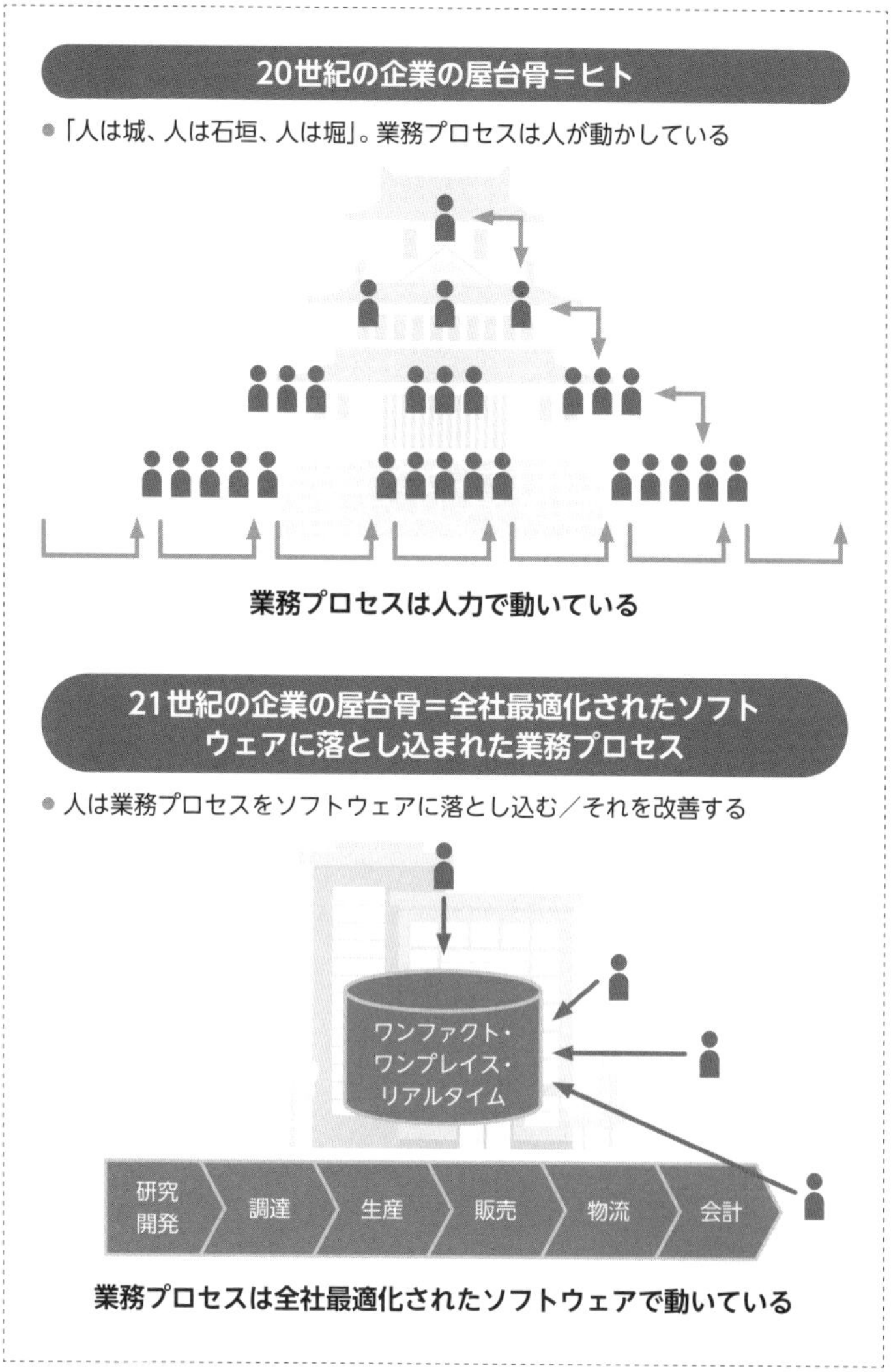
20世紀の企業の屋台骨＝ヒト
●「人は城、人は石垣、人は堀」。業務プロセスは人が動かしている
業務プロセスは人力で動いている
21世紀の企業の屋台骨＝全社最適化されたソフトウェアに落とし込まれた業務プロセス
● 人は業務プロセスをソフトウェアに落とし込む／それを改善する
ワンファクト・
ワンプレイス・
リアルタイム
研究開発
調達
生産
販売
物流
会計
業務プロセスは全社最適化されたソフトウェアで動いている

これは何ら新しい考え方ではありません。ブルーカラー職場では、大野耐一氏の時代から行われてきたことです。ブルーカラーにおける「機械化」を、ホワイトカラーでは「ソフトウェア化」に置き換えたにすぎません。

大野氏も、著書『トヨタ生産方式』において、以下のように書いておられます。

効率とは、まずい方法をやめて、われわれが知り得るかぎりでの最もよい方法で仕事をするという簡単なことである。それは背中にトランクを背負って丘を登るよりも、トラックで運ぶことである。それは労働者がより多く稼ぎ、より多く所有し、より安楽に暮らせるように、かれらを訓練し、かれらに力を与えることである。

ＧＤＰを始めとする日本の経済力が21世紀に入って以来ほとんど横這いであり、「失われた25年」と呼ばれるようになってしまったのはなぜでしょうか？　それは「ホワイトカラーが背中にトランクを背負って丘を登る」という20世紀の経営のしくみをそのままにしているからです。４ゼロのメリットを取り込まず、Ｅｘｃｅｌバケツリレーをさせているからです。

この場合、売上の伸びと人員増が比例することになります。人を増やさなければ、現有人員が気合と根性で頑張るしかありませんが、しょせんすぐに限界が来ます。というより限界はすでに超えています。

社員が定時に帰っても業務が回り、売上と利益が伸びても社員数を伸ばさなくてよい「しくみ」を作ることこそが、経営者と上級管理職の仕事なのです。それができていない役員・上級管理職は仕事をしていないということです。

欧米や新興国のトップ企業は「ヒトではなく、デジタルが走る」という21世紀型の経営のしくみをすでに構築しています。数々の経済統計（編注：2章）、あるいは海外のライバル企業X社やY社の給与水準が、それを裏付けています。

当社の社員の能力、経験、真面目さ、献身、労働時間のどれをとっても、X社やY社に劣ることはないでしょう。にも関わらずこの差がついているのはなぜでしょうか？「働かせ方が間違っている」以外の説明がつくでしょうか？

念のため繰り返しますが、ホワイトカラーの筆頭はマネジメント、つまり役員や上級管理職です。つまり現代においては、**経営陣・上級管理職の仕事は、業務を「自分の力で回す」ことではありません。**「業務プロセスがソフトウェアに落とし込まれてしっかりと回っている状態を作る」こと、別の表現をするならば**「定型業務は自分がいなくても勝手に回っていく状態を作ること」**、なのです。

まずこのことを認識することが、すべての起点になります。

◇

新社長がいきなりこんな檄文を発表したことで、社員にも驚きが走りました。「定型業務は自分がいなくても勝手に回っていく状態」とは、役職者不要論とも取れますから。一方で、この社長なら、長く続いた社内の停滞感や疲弊感に新風を吹き込んでくれるかもしれない、という期待感も持たれたようです。

ところがこの所信表明演説の後半は、さらに強烈なものでした。これは追ってご紹介します。

さて、社長に就任したTが、最初に着手したのは、「北極星」の明示です。

2. 北極星を明示し、明確に紐付ける

「北極星」、英語のNorth Starとは、自社が目指す方向性を中長期的に指し示す不動の目標のことです。確かに、このVUCAの時代に数千〜数万人が働く大きな組織をまとめ、ひとつの方向に導くには、そうした北極星が必要であることは間違いありませんが、実際にはそれまで当社でもそれを明確に示したことはありませんでした。

中期経営計画には「2030年の目標」といった長期目標を描いてはいましたが、その売上や利益をどう作るのか、そしてそこに到達するための道筋、などは記されていませんでした。ドラッカーが、

経営方針なるものには、行動するための措置が何も盛り込まれていない。その実行が、誰の仕事にも、誰の責任にもなっていない。そのため、それらの経営方針は、トップがまったく行う気のないお題目と冷たい目で見られることになる。

と書いていますが、お恥ずかしながら当社もまさにそのもの、でした。

出典：『プロフェッショナルの条件』（ピーター・F・ドラッカー、2000年、ダイヤモンド社）
https://www.amazon.co.jp/dp/4478300593/

そこでTが経営陣と議論して決定し、統合報告書などに開示して株主にコミットしたのは以下のような北極星でした。

・【業績】5年後に売上高〇〇〇〇億円（5割増）、営業利益率15％（3倍増）
・【業態】モノづくり製造業から、コトづくりを含めた総合企業へと発展
・【社員】従業員エンゲージメント指数を〇〇に高め、「選ばれる企業」になる
・【脱炭素】5年後にCO_2排出量をネットゼロにする

5年後の目標とはいえ、その数値は当時の感覚では非常に高く、これを株主にまで明示しコミットするというのはかなり勇気の要る決断だったと思います。しかしTの主張は明快でした。

「北極星とは、「なぜ」私たちは変わらなくてはいけないのか?を明確に説明するものでなければならない。そして具体的な数字に裏付けられている必要がある」。

さらにTは、一年ごとの達成目標も明示しました。「5カ月後に20キロダイエットします、と言うなら1カ月後に少なくとも4キロは痩せていなければ、誰も信用しな

いだろう?」と。おっしゃる通り、ですが、コミットメントとしてのレベルはさらに厳しくなります。

北極星とは錦の御旗

振り返って見ると、この北極星は、日本型BPR 2・0を実践するうえではまさに必要不可欠なものでした。例えて言うなら「錦の御旗」、あるいは「水戸黄門様の印籠」でしょうか。

これからご説明する、BPR 2・0のような大きな変革を打ち出せば、**社内の現場からは必ず反発があります。**「総論賛成、各論反対」というやつです。

しかし、彼らを抵抗勢力と呼ぶのは間違いです。彼らは責任感があり真面目なのです。自らに課せられたミッション、それが売上や利益であれ、生産量や品質であれ、顧客満足度であれ、それをきちんと果たすことが重要だと考えているからこそ、「こういうリスクがありますよ」と注意喚起をしてくれているのです。

それは経営陣も分かっています。ですが**経営者として、それらのリスクを取ってで**

も変革していかなければ、未来はないと考えるからこそ、変革に着手しているのです。

ＢＰＲ２・０では、そうした経営陣と従業員、さらに言えば従業員どうしや部門どうし、あるいは変革施策どうしの摩擦・コンフリクトは必ず発生します。したがって、それらを統合し調整するメカニズムが必要なわけですが、その原点になるのが北極星なのです。

言うまでもありませんが、ＢＰＲ２・０は、北極星を実現するためのひとつの手段です。**すべてのＢＰＲ２・０施策は、北極星に紐付け、「北極星の実現に向けて必要だからやるのである」、と説明する**のでない限り、実現は困難だったでしょう。

北極星は、経営陣としての不退転の覚悟を社内外に示すものであり、従業員に先立ってリスクを取る姿勢を示すことになりました。本書でいう「**厳しいＷＩＮ−ＷＩＮ**」の前提になったのです。

◇

さて、先ほどお話した、所信表明演説の後半がこちらです。

ブラックボックスから経営アルゴリズムへ

当社では、部下が上げてきた「報告」に対して上司がどう反応するのか、その「基準」あるいは「理由」の部分が、ブラックボックス、つまり〝その上司の胸先三寸〟になっていないでしょうか。これだと部下はいちいち上司にお伺いを立てねばならず、その分判断が遅くなり、あるいは判断がブレることになります。

また判断は100％その上司個人の能力に依存することになり、もしその上司が判断を誤ったとしても、それが明らかになるまでの非常に長い期間にわたって会社はリソースを消費し、また機会を逃していくことになります。

そしてこの「管理職個々人の能力だけに依存する意思決定」が、会社の中の「階層」ごとに行われていたらどうなるでしょうか？　つまり社長と役員、役員と本部長、本部長と部長、部長と課長……とそれぞれの段階で「遅れ」と「ブレ」が発生して積み重なり、そのつど、会社のパフォーマンスは落ちていくことになります。

ホワイトカラーの仕事が「紙とエンピツ」で行われていた25年ほど前までは、世界中の企業や政府・自治体はそのように動いていました。大きな組織を運営するにあたり、「ヒト依存」以外の方法がなかったからです。20世紀までは、それでよかったのです。しかし、ホワイトカラーの仕事の媒体がデジタル化され、結果として「4ゼロ」が当たり前になっている現代においては、**「経営アルゴリズム」**を備えることが必要です。

経営アルゴリズムとは、**「自社の経営状態をリアルタイムに数値**（＝データ）**で表し、数値ベースで微調整を重ねながら、会社を運営していく」仕組み**です。なぜこの判断になったのか？ それはどの数値が、基準値に対してどのくらい上回った（下回った）からなのか？ をあらかじめ示しておく、ということです。**「データドリブン経営」**とも表現できます。

もちろん、その最上位は社長である私の、「会社全体としての経営状態」ですが、それらは一段下の「事業部や子会社としての経営状態」の積み上げです。そしてそれは「本部としての経営状態」、「部としての経営状態」、「課としての経営状態」……最終的には、社員のみなさん一人ひとりの状態、の積み上げです。

積み上げとは単なる足し算ですから、**数字の「報告」は不要**になります。ERPが自動的に、瞬時に足し算して「課長」の数字に、それを積算して「部長」の数字に、「本

図表7.2 現代の経営アルゴリズム（データドリブン経営）

ブラックボックス（KKD）

- 上司の仕事は部下からの「報告」に対して「反応」するだけ
- その反応をした「基準」や「理由」はブラックボックスなので、部下は毎回お伺いを立てなくてはならない→判断が遅くなりブレる

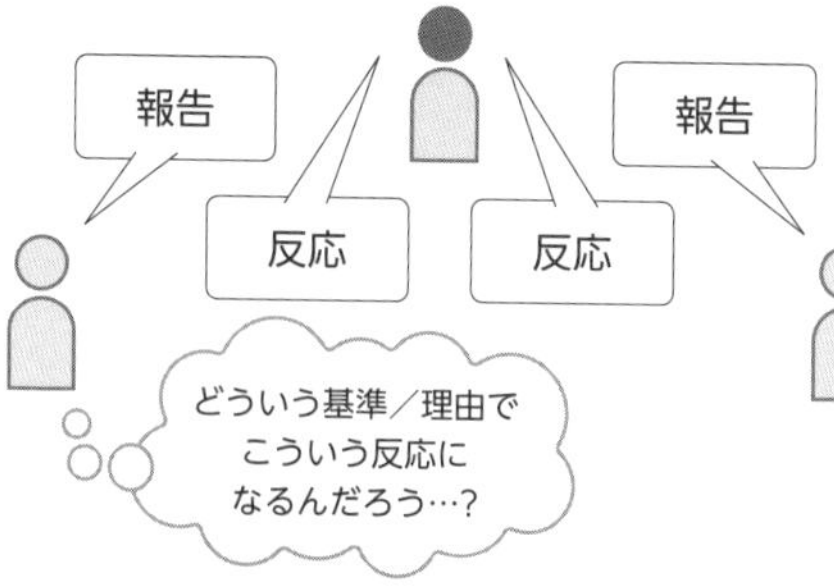
報告
報告
反応
反応
どういう基準／理由で
こういう反応に
なるんだろう…？

経営アルゴリズム（データドリブン経営）

- 上司は経営アルゴリズム（判断基準）を定め、予め明示しておく
- 部下はいちいち相談せずとも、自ら判断して進めることができる
- 明示するためには経営状態をリアルタイムに数値で表せるようにしておく＝デジタル化が必須

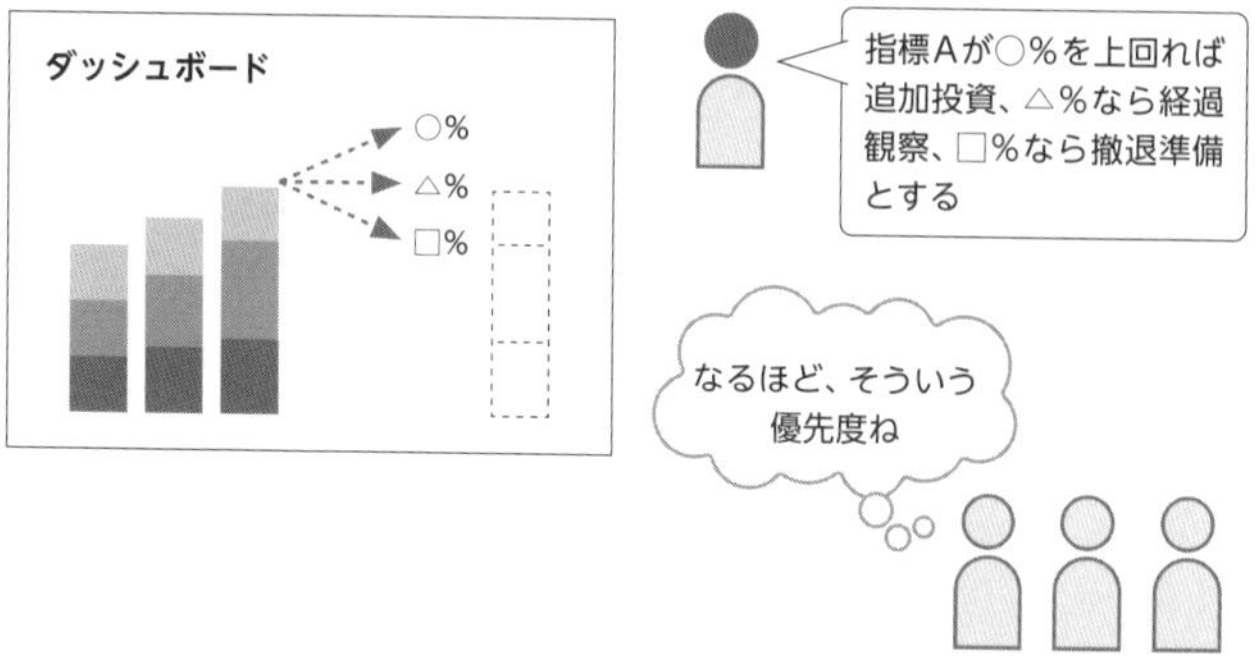
ダッシュボード
○%
△%
□%
指標Aが○%を上回れば追加投資、△%なら経過観察、□%なら撤退準備とする
なるほど、そういう
優先度ね

部長」に、「事業部長」に、「社長」に、とリアルタイムで見せてくれます。海外子会社ではすでに10年前にそうなっていました。

経営アルゴリズムが整備されると、経営陣や管理職は、基本的に日常の（通常の）オペレーションについては、**判断する必要がなくなり**ます。なぜなら部下は上司にお伺いを立てなくとも、その思考ロジックや判断基準が明確に共有されており、結果として組織が自律的に運営されていくからです（前ページの図表7・2）。

経営陣や管理職の意思決定は、実はかなりの部分まで定型化し、自働化できます。

経営陣はいわば、飛行機のパイロットです。パイロットは飛行の最終責任者であり、刻々と変わる外部環境や内部環境に対して、その能力のすべてをかけて対応し、機を地上に降ろさなければならない（でなければ墜落＝倒産し社員が露頭に迷う）という責任を負っています。

しかし、ではパイロットは飛行中、常に１００％気を張っているかといえば、そんなことはありません。安定した環境では操縦の大半を「オートパイロット」つまり自動操縦ソフトウェアに任せておくことで、緊急事態が起きたときのために自分の脳力つまりブレインパワーをセーブしておくのです。

企業や政府でも同じで、経営陣の仕事は24時間365日気を張ることではありません。できるだけ**オートパイロットの性能と精度を高め**、その分、自分の脳力をセーブしておける**「しくみ」を作る**こと、企業という飛行機が**自働的・自律的に微調整を重ねて飛び続けることができる「しくみ」を整える**こと、です。

そして、そうしておくことで経営陣は、非常事態への対応や、戦略的に重要な意思決定などの非定型な業務に自分の脳力を振り向けることができるようになります。

私が社長を務めていた海外子会社ではそうなっていました。日本でもそれができないはずがありません。

◇

役員陣や部長たちがどれくらいの衝撃を受けたか、想像がつきますか？　実のところ、最初は、まったくチンプンカンプンだったようです（笑）。アルゴリズム化、と言われても何のことやら、あるいは何をしたらよいのか……？　と。

ただ、海外子会社の経験がある役員や部長たちは、すぐピンと来たようですね。ああ、Tさんは、会社をあんなふうに運営したいのだな、と。こういう、少しでも経験のある役員たちは理解が早く、その後の変革にもより早く対応してくれました。

さてTは、さっそく私に命じて、「日本型BPR 2・0」の推進を始めさせました。

3. 組織：専任組織を設け、「五位一体」で推進する

プロジェクトではなく永続組織

ホワイトカラー業務にBPR 2・0を導入していくには、専任の組織を設けることが絶対に必要です。なぜならこれは、**半永久的に続く「デジタル時代のオペレーショナル・エクセレンス追求」を組織に定着させていく、というミッションを背負った部隊だからです。**期間限定の、臨時の〝プロジェクト〟ではないからです。

過去50年、70年と続いてきた「フィジカル時代の仕事のやり方」そのものを入れ替える、ホワイトカラーが〝背中にトランクを背負って丘を登る〟代わりにデジタルな自動機械にやらせる、21世紀の城と石垣と堀を築く、という一大ミッションが、2年や5年で終わるはずがありません。まず**そうした認識と覚悟を社内外に示す**ためにも、

永続的かつ強力な組織をつくらなければなりません。

たとえばトヨタさんには生産調査部という、トヨタ生産方式を定着させていくための部署があります。当社でもブルーカラーの現場に向けては「生産技術部」があり、専任の要員がいます。ではホワイトカラーに対してそれがないのはどうしてでしょう？

単に「これまでそう考えたことがなかっただけ」ではないでしょうか。当社も、現場のカイゼンに丸投げしておけばよいと思いこんでいただけ、だと思います。ですが、本書の6章でご覧になった通り、ホワイトカラー職場は、現場の努力だけではカイゼンできないのです。

ということで、当社では**「業務変革本部」**が置かれました。本部といっても、最初は私と、ほんの数人のスタッフだけの小さな所帯からのスタートでしたが。その後、各部門から若手エースたちが異動してきて、徐々に強力な陣容になっていきました。

「事業」と「組織能力」を分けて考える

みなさんの会社でもそうだと思いますが、ＣＥＯや役員を含む「部門長」は皆、忙しいです。とくに「研究開発」「生産」「調達」「販売」「物流」などの事業部門長は日々求められている役割を果たすよう、あらゆることにブレインパワーを使っています。部門長は本来、**「業務を回すこと」**と、それを支える**「組織能力を向上させること」**の両方に責任を負うはずです。しかし人間の頭はひとつしかないので、どうしても眼の前にある「回す」ほうに引っ張られ、「組織能力の向上」は後回しになりがち。とくに5年前の当社のように「経営のしくみ」が古いままの企業の場合だと、「回す」だけで手いっぱいでした。

時間軸の違いもあります。「回す」ほうは日々、あるいは月次・四半期といった短期のサイクルですが、組織能力のほうは年単位の取り組みになります。

また、各部門はそれぞれ違う機能を担っているので、**本質的にある程度「タテ割り」になる**のはやむを得ません。

一方組織能力は、**全体最適の観点からもエンド・トゥ・エンドで**、部門ごとのタテ割りでなく全社を「横串」で見て、進めていく必要がある。そこで「組織能力の向上」をミッションとする業務変革本部を設置し、**「タテとヨコで役割分担しつつ進めていく形」**が望ましいわけです（図表7・3）。

図表7.3 「事業」とそれを支える「組織能力」を分けて考える

- CEOや事業部門を統括する役員は「業務を回すこと」とそれを支える「組織能力の向上」の両方に責任を負うが、人間の頭はひとつしかないので、どうしても「回す」ほうに引っ張られ、「組織能力」は後回しになりがち
- 各部門は機能が違うので、本質的に「タテ割り」になりがち

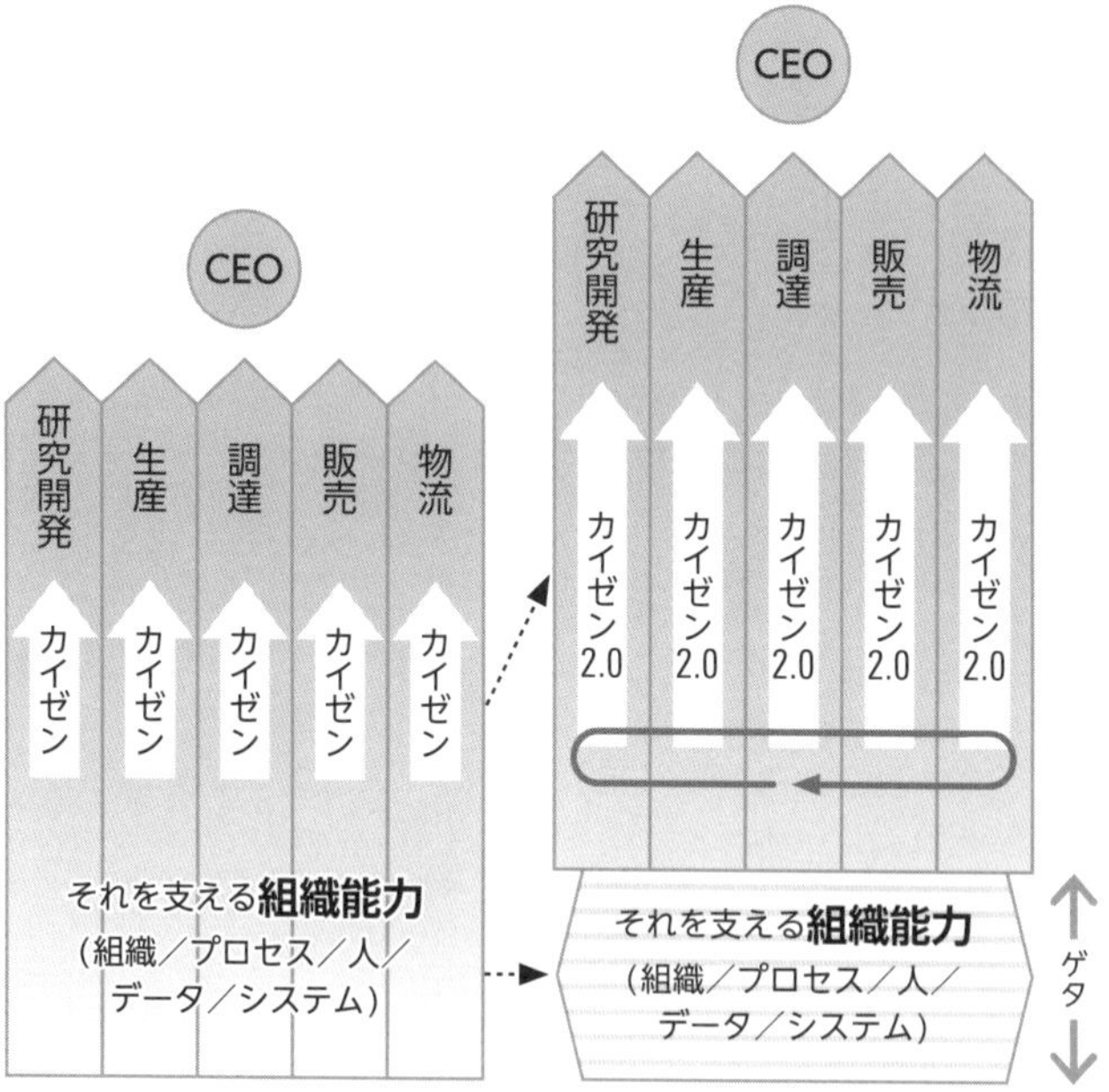

- 一方、組織能力は全体最適の観点からも、エンド・トゥ・エンドで手掛けることが望ましい
- そこで「組織能力の向上」に責任を持つBPR2.0推進のための専任組織を設置し、各事業に対して“より高いゲタを履かせる”ことに集中する
- 各部門はこのゲタを土台とし、エンド・トゥ・エンドのデータを見ながら全体最適を目指す「カイゼン2.0 (p263)」を推進していく

これをプロ野球チームに例えれば、「部門長」や「事業部の社員」は「監督」や「選手」にあたります。彼らは毎日ゲームに出て、投げたり打ったりして、試合に勝ってくるのが仕事です。一方で、選手たちの「身体能力」を鍛えたり、チームとしての「組織能力」を底上げしたり、も重要です。でも監督の頭はひとつしかないので、どうしたって日々の勝った負けたに引っ張られて、「組織能力の向上」は後回しになりがちですよね。

一方で、筋トレをさせる「トレーナー」とか、「栄養士」とか、相手チームを偵察する「スコアラー」とか、データ分析をする「アナリスト」とか。決して試合には出ないけれども、チームが勝つために必要な「組織能力の底上げ」をするプロフェッショナルたち、がいますよね。業務変革本部はこちらにあたります。

ちなみに経理や人事などのバックオフィスも横串組織ですが、彼らと違い**業務変革本部は「実務」は持っていません。**あくまで各部門をエンド・トゥ・エンドで「変革」させることだけがミッションです。「生産技術部」も生産そのものはしませんよね。

ですから、**「社内コンサルタントの集団」**、と表現したほうが分かりやすいかもしれません。あくまで他の部門と現場レベルで協業しつつ、ホワイトカラーの生産性を向上させるために日々活動していきます。

経理と人事は、各部門を変革させるうえで、重要なパートナーです。よく企業は「ヒト」「モノ」「カネ」と言いますが、カネとヒトが絡んでいない部門はありませんから。

CEO直轄で部門の利害を排除

ＢＰＲ２・０推進組織は、**必ずＣＥＯ直轄**とする必要があります。なぜか？　**部門間調整が必須**なので、**その当事者になってしまわないことが重要**だからです。

一般的に日本企業は、ＣＥＯ（社長／会長）を除く大半の役員が所轄部門を持っており、つまり「部門代表」として役員会に出席していると思います。当社もそうです。でもそうした役員の一人が業務変革本部のヘッドになってしまうと、**全体最適を実現するための部門間調整なのに、「部門の利害」が絡んで来てしまいます**。ただでさえ困難な変革を推進しなければならない部隊なのだから、せめてそうした無用のしがらみは取り除いておくべきです。

ＣＥＯ直轄組織とすることで、トップの不退転の決意を示すことにもなります。私自身、「ＣＥＯの威を借りるキツネ（笑）」として活動していますね。

組織能力の5つの要素

さて、業務変革本部のミッションは「組織能力の向上」と言いましたが、事業を支える**組織能力には、「組織構造」「プロセス／ルール」「人」「データ」「システム」の5つの要素**があります。これらの要素にはいわゆる**「経路依存性」**があり、相互にガッチリと組み合わさっているので、どれか一つだけを変えようとしても、強力な〝引力〟が働いて、元に引き戻されてしまいます（図表7・4）。

たとえば典型的なのは、情報システムだけを新しいものに入れ替えようとすることです。すると何が起こるでしょうか？　一例を挙げれば、

- **組織構造**：既存のタテ割り組織ごとの利害
- **プロセス／ルール**：現状の業務プロセスやルールへの拘り・慣性（惰性）
- **人**：社員の「現状維持」意識
- **データ**：多数のシステムに散在してしまっているデータの不整合

など、他の要素が足を引っ張ります。結果、莫大な費用を投入しながら、出来上がっ

図表7.4 「五位一体」の変革

- 企業の組織能力を構成する「組織構造」「プロセス／ルール」「人」「データ」「システム」の５要素は、相互にガッチリと絡み合っているので、ひとつの要素だけを単体で変革しようとしても上手くいかない

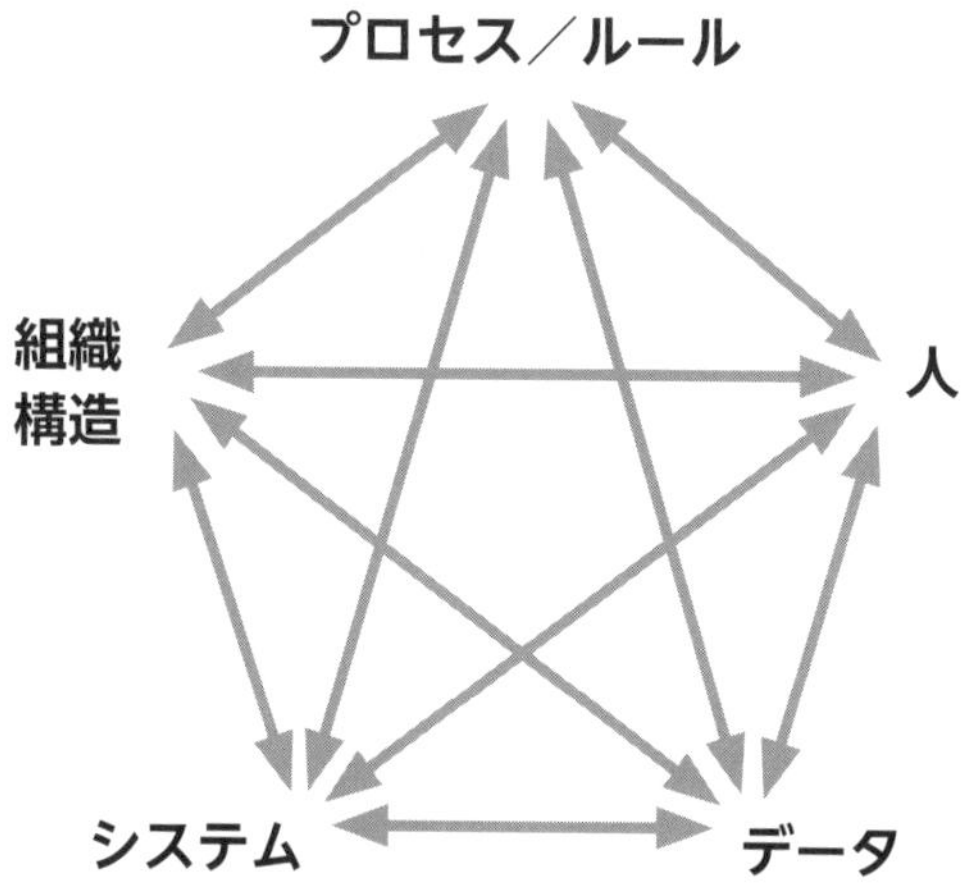

- よって組織能力を高めて行こうとするならば、この５要素を「五位一体」で変革していく必要がある

たシステムは以前のものとほとんど変わらない、といったことがしばしば起きていました。みなさんの会社でも、ご経験があるのではないでしょうか。

こうした事態を防ぐためにはどうしたらよいでしょうか？　5つの要素すべてを、一体で変革していくしかありません。

よって業務変革本部の傘下には、社内コンサルタントである**「業務変革室」**以外に、**「情報システム部」**を移動し、しばらくしてから**「プロセス管理部」**も新設しました。**データの管理**は、この両部の共同で行う形になっています。プロセスとデータは非常に重要なので、後ほど、詳しくお話しします。

さらに**「人の意識変革」**をリードする社内コミュニケーション、いわゆる「チェンジマネジメント」の機能も持っています。

同じように横串組織である「経理」と「人事」については、業務変革本部の下ではありませんが、常に連携しながら動いています。それぞれのヘッドであるＣＦＯ（経理本部長）とＣＨＲＯ（人事本部長）と私（業務変革本部長）が互いに協力しつつ、ＣＥＯを支える、という体制です。

必ず専任

メンバーには、各部門の若手～中堅のエース社員をローテーションさせています。「兼務」では絶対に機能しないでしょう。

なぜ専任か？　兼務者とは要は「部門代表」であり、「部門の声」をプロジェクトに伝えることが期待値ですよね。すると**どうしても部門最適を主張することになってしまう。**これが全体最適を目指す活動と両立しないのは明らかですよね。

部門業務に精通し、出身部門との信頼関係があるエースであっても、兼務でなく専任として発令すれば、**部門の理解と協力を得つつ全社最適を推進していくキーパーソン**として機能してくれます。これを兼務という中途半端な発令でしのごうとするようでは、トップの覚悟が疑われても仕方ないでしょう。

当社もまさにそうでしたが、そもそも日本企業における兼務発令の大半は、本務側の業務量を減らすという手当はせず、そのままオントップで兼務側の仕事をさせる、というケースが大半ですよね。本務10だったものを、本務8：兼務2にするのでなく、単に12にして「あとは気合と根性でなんとかガンバレ」と言いますが、そうすると「本務が忙しい」という言い訳ができてしまうので、プロジェクト側がどうしても中途半端になります。**結局プロジェクトは期待したような成果を出せず、機会損失だけが膨らんでいる**のではないでしょうか。やはりトップの本気度ですよね。

とはいえ、業務変革室の初期メンバー10人を集めるのに苦労しましたが、社長のTが最初に不退転の決意を示してくれ、さらに「絶対に仕事のできる若手エースを出せ、でないと部門が損をするぞ」と脅迫？　までしてくれたことが大きかったです。

一方でTは「若手」にこだわり、「課長代理以下」と厳命しました。確かに課長以上になると、現業務に染まりすぎていて柔軟性がなくなってくる気はします。年次としては入社6〜12年くらいでしょうか。

またヘッドハントでUさんが入社してくれたことは決定的に重要でした。Uさんはいわゆる外資系コンサルティング会社で、業務プロセスの見直しに15年以上の経験がありましたが、「外からでなく内側からコンサルティングして、結果が出るまでトコトンやってほしい」というTの口説きに乗ってくれました。業務変革本部が軌道に乗ったのはまさに彼の功績です。変革に際して、外部の血が入るというのは重要ですね。

もっともUさんに言わせると、「社内のあらゆる所に顔が利くSさんと、T社長のリーダーシップのおかげです、私一人ではどうにもならなかったでしょう」とのことなので、まあ三人四脚みたいなものなのかもしれません。

Uさんと若手エース10人で立ち上げた「業務変革室」がBPR 2・0推進の中核になりました。

現在では、業務変革室は「全社視点、顧客視点、デジタル感覚を持ったマネジメントを育てるための登竜門」という社内ブランディングができているので、各部門もむしろ積極的に若手エースを送り込んできます。この部門で2〜3年仕事をしたら、全社視点を持ったマネジメント候補者として元部門に戻していますし、さらに他の事業部にローテーションして経験を積ませるのもよいだろう、とCEOやCHROとは話しています。

欧米ではごく一般的

極めて特殊な組織のように見えましたか？　でも社長のTに言わせると、実はそれは日本だけ、なんだそうです。本書の4章（p123）にある通り、これは欧米のどの企業にも必ずある「プロセスオフィス」、ビジネスアナリストたちが社内コンサルタントとして全社最適視点での業務変革をリードしている部門、そのものなんです。

なので当社も昨年から、新卒採用した社員は全員、いったんこの業務変革本部に配属することにしました。彼らには2年間、ビジネスアナリストとして仕事をしてもらいます。この部署では全社を回り、業務プロセスをつぶさに観察して改善を提案していきますから、エンド・トゥ・エンドで詳しくなりますし、もちろんデジタルにも詳しくなります。その後にどの部門に配属しても、全体感を持って仕事ができるはず、と期待しています。

日本企業ではまず「業務プロセス」が企業のオペレーショナル・エクセレンスを握る、会社の最重要資産であるという認識がそもそもないことが多いですよね。当社もそうでしたが、業務プロセスとは単に自分たちの仕事のやり方であり、自分たちの持ち物だと思っている担当者や部門が多いんです。

こうした状態からBPR 2・0を定着させていくのは簡単ではないですが、欧米企業も海外子会社もやれていることを、日本企業がやれないはずがない。ポイントは経営陣が不退転の決意で「始めるか、始めないか」だけだと思います。

さて、ここまでで「五位一体」のうち「組織」の話が終わりました。ここからは「システム」「プロセス」「ヒト」「データ」の順にお話していきます。

4. システム：全社デジタル基盤を導入する

本書の3章でご覧になったように、当社でも、部門ごとに開発された「部門システム」が極度に発達し、それは結局、部門最適を助長する結果に終わりました。

したがって当社も、部門システムを廃し、業務プロセスを顧客視点からエンド・トゥ・エンドで4ゼロ化する「全社システム」を〝屋台骨〟、〝ゲタ〟として構築しなければなりませんでした。

その際のキーワードは**「ワンファクト・ワンプレイス・リアルタイム原則」**です。

ワンファクト・ワンプレイス・リアルタイムとは

全社システムにおいて最も重要なのは「ワンファクト」です。ファクトをひとつにせよ、など当たり前のことのように聞こえますが、では自社がそうなっているか？というと、そうではないことはあなたの会社でも同じではありませんか？　当社でも、本書の4章で見たように、「売上高」や「原価」といった最も基本的な数値ですら、部門システムごとに存在していることがザラにありました。

また非常に多くの企業において課題となっている（がそうは認識されていない）のが、**マスターデータの不統一**（＝マスターデータが複数存在している）という問題です。製品マスター、部品マスター、顧客マスター、人事マスター、購買マスター……などのデータが部門システムごとに保持されていると、それらは常に相互の不整合の元凶となり、つまりワンファクトでなく複数ファクトが常時発生しています。

こうした不整合を防ぎ、「ワンファクト」を維持するベストな方法は**「ワンプレイス＋リアルタイム」**、つまりデータを保持するシステムを全社システムの1箇所だけにしておき、それらをリアルタイムに参照し、また更新する、というやり方です。

情報の所在が複数に分かれていると、それらの整合をどう取るか、という本質的ではない作業が発生してしまいます。システムをひとつにしておき、それをすべての部署が参照あるいは更新する、という業務プロセスにしておけば、複数ファクトが存在することに起因する不整合とそれにまつわるトラブルをゼロにすることができます。

この**「ワンファクト・ワンプレイス・リアルタイム原則」**を維持することが、ホワイトカラーのためのＢＰＲ２・０のポイントです。

シンプルなクラウドERP＋F2S

こうしたソフトウェア基盤をゼロから構築せよと言われたら、誰でもどうしたらよいか途方に暮れるでしょうが、当社の場合は海外子会社で導入していたＥＲＰがあったので、それを見に行きました。私とUさんと10人の若手で、海外子会社に約1カ月行って、隅から隅まで見せてもらいましたが、驚きの連続でしたね。こんなに少ない人数で、こんなに効率的に回るのか……と。Tが力説する意味がやっと分かりました。

確かに、海外子会社は事業規模は小さいですが、それ以上に業務プロセスがすごくシンプルで、ERPもそれに合わせてシンプルでした。全部デジタル化されているおかげで、ミスが入り込む余地がないのでシンプルになっている、という印象もありました。その分、日本でやっているような、お客様要望に合わせた細かい〝おもてなし〟的な対応は一切しないということでしたが、そこは割り切っているようでした。

ERPはBPR 2・0の基盤です。「北極星」のところでTが書いていたように、自社のあらゆる部署で、現状を正確なファクトとして、詳細に、リアルタイムに得られる仕組み、それがERPなのです。これをイチから開発するなんてまず無理。でもお金さえ出せば買ってこられるのですから、ありがたい時代です。

同じERPを日本の本社と各事業部に導入することになりましたが、この作業はものすごく大変でした。ERPというソフトウェア自体は簡単なのです。最近は**クラウドが当たり前**ですし、機能も豊富なので、大半は**F2S (Fit to Standard)**、つまり**「標準機能に合わせる」**ことで実現できます。

大変なのは、ERPに、自分たちの業務プロセスを合わせ、乗せる、という方でして……。

5. プロセス：ホワイトカラーから定型業務を剥がす

ＢＰＲ２・０の実践にあたってまず必須なのは、業務プロセスの定型化です。ブルーカラーにおける機械化と同様、ホワイトカラー業務をソフトウェア化するにあたっては、まず業務プロセスを**定型化**し、**標準化**しなくてはなりません。次ページの**図表7・5**のように、ブルーカラー業務はその多くが定型であるのに対し、ホワイトカラー業務は❶「定型」業務、❷「部分的に定型化できる非定型」業務、❸「非定型」業務、の3種類が混在しています。しかし定型業務はソフトウェアが4ゼロでやってくれるデジタル時代においては、**定型化できる部分はできる限り人から剥がしてソフトウェアにやらせ**、人は非定型業務に専念させる割合を広げていかなければなりません。

❶「定型」業務

定型業務をホワイトカラーにやらせてはいけない。本書でも繰り返し述べられているように、それはソフトウェアという機械に「人間の知恵を付けて自働化する」ことが可能であり、そうすれば「究極のジャスト・イン・タイム」が実現できるからです。

図表7.5　ホワイトカラーから定型業務を剥がす

- ブルーカラー業務はその多くが定型であるのに対し……
- ホワイトカラー業務は❶「定型」業務、❷「部分的に定型化できる非定型」業務、❸「非定型」業務、の３種類が混在している
- 定型化できる部分はできるだけ人から剥がしてゲタ（デジタルな自動機械）にやらせ、人はその分の余力をもって非定型業務に専念できる割合を広げていかなければならない

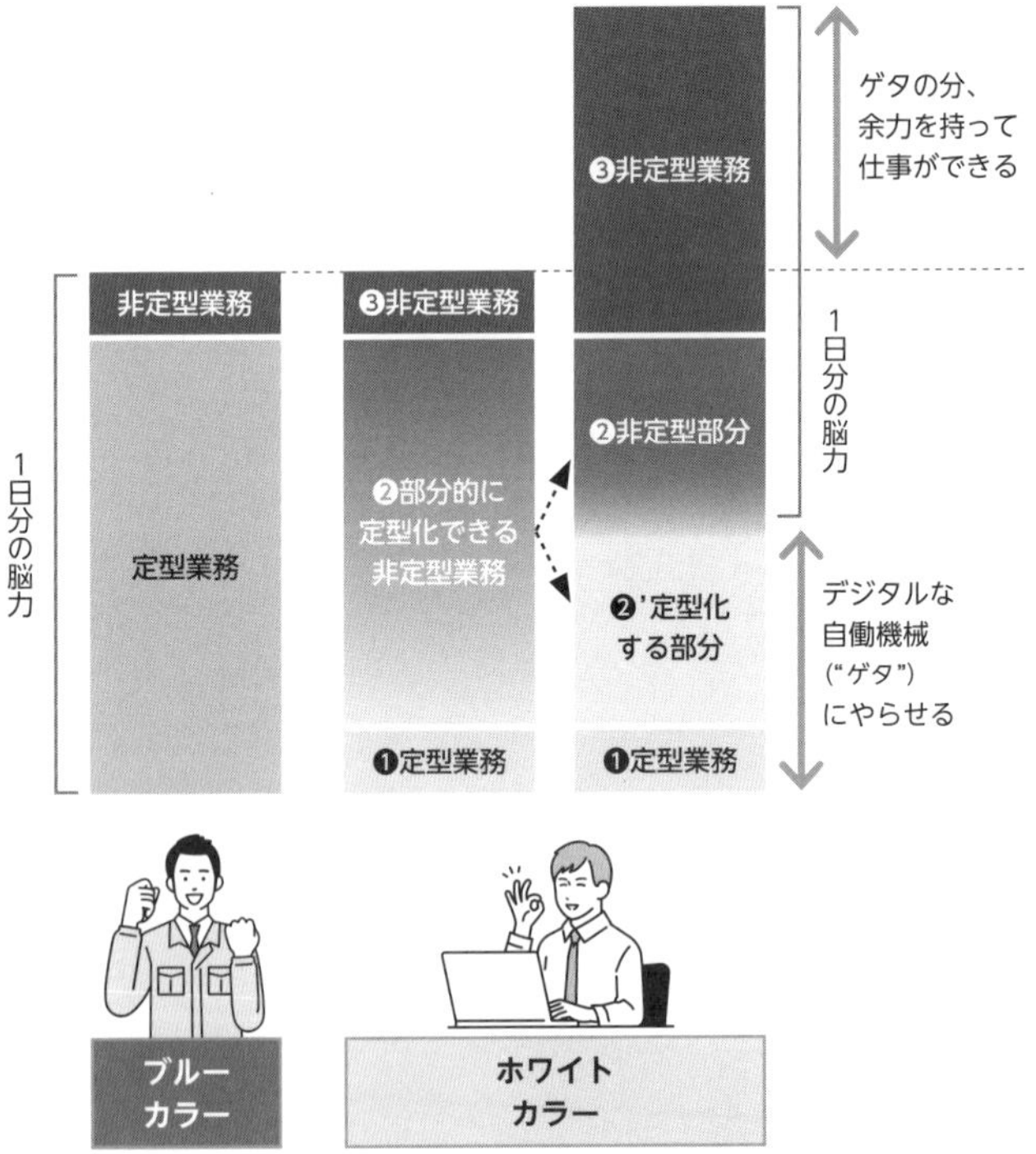

自働化できる＝ヒトにやらせる価値のない作業を社員にやらせるのは、大野耐一さんのいう、「人間性を尊重」していないことにもなります。社員の労働・成長意欲も阻害されます。「なぜこういう定型作業をヒトがやらなくてはならないのか……」と感じてしまう。そしてそれに慣らされていない若手から辞めていってしまうのです。

本書のBさん、Cさん、Dさんの話は、まるでウチのことかと思いましたよ。問題は**部分最適なデジタル化**や、**個人に依存した手作業**があちこちにあり、それを**Excelバケツリレーでツギハギしている**ことにあるのです。これらを全体最適視点でERPに乗せ替えて一掃しよう！　というわれわれのメッセージに、一番強く共感してくれたのも若手です。

一方でベテラン社員の中には、「ERPの標準機能では、既存の業務プロセスの一部が実現できない、ウチの強みが発揮できなくなる」と反対する方もいました。

でもそれは、**そもそも問いの立て方が間違っている**んです。

当社がBPR 2・0を推進する**目的は「北極星を達成する」こと**です。そして北極星実現のためのひとつの方策が、「デジタル基盤を整える」という手段を通じて、「ホワイトカラーの定型業務をできる限り減らす（→人手不足を解消する ＋ 価値創造などの非定型業務に振り向ける）」、なわけです。

ですから、BPR 2・0における正しい問いは、6章の図表6・3そのままです。**「トレードオフがある前提で、定型業務はすべてERPにやらせることによって、現在の2分の1の工数および2分の1のリードタイムで、やれる方法を考えてください」**です。当社の場合、「少人化」の前に人手不足を解消しなくてはなりませんので、まず2分の1の「工数」をターゲットとし、さらに3分の1、4分の1……を目指します。

これを少しブレイクダウンするなら、

・定型処理はすべてERPで自働化できるようにプロセスを見直してください
・やれないことは、どういう条件付きなら廃止できるか考えてみてください
・どうしても廃止できない、というプロセスがあったら教えてください（その対処は個別に検討しましょう）

です。現行業務プロセスに合わせてシステムを見直すのではなく、システムに合わ

せて現行業務プロセスを見直し、人から剥がすのです。

❷「部分的に定型化できる非定型」業務

「部分的に定型化できる非定型」業務は、実は莫大にあります。ですが本書の5章でご覧になったように、ホワイトカラーは定型化が嫌いなので、「これは非定型だ」と主張してそれを回避しようとします。「自分の仕事は自分にしかできない」とも言います。ルーティーン作業でも、それをやれば「仕事をしている気」になれるし、過去からずっとやってきたことの繰り返しなら大して脳力も使いませんから、楽ですよね。でもそれを許してはいけません。それは結局、昔ながらの仕事のやり方や、属人化された業務プロセスを温存し、ホワイトカラーの生産性向上の妨げになるからです。

確かにホワイトカラーの場合、作っているのが「一点モノの情報」である、という点では非定型にも見えます。ですが法人である限り、「一点モノの情報」など、本来はめったにないはずです。それは個人技に頼っており、つまり再現性のない強みを発揮している、と自ら吐露しているに等しい。

たとえば法人向け（B2B）営業における提案書や仕様書は、顧客固有のニーズに合わせてフルにカスタマイズした一点モノであることが多いかもしれません。

ですが、それを、1人の担当者は年にいくつ作るでしょう？ 10？ 100？ かなりの数なはずです。そしてその職種の社員は何人いるか？ 10人？ 100人？ 掛け算すると、かなりの数の提案書や仕様書が作られていることは明らかです。

それらを作成する過程が、毎回すべて非定型、担当者個人の技量任せでよいのだろうか？ そして、非定型であるがゆえにカイゼンできない、と決めつけてしまっていいのだろうか？ こういう会話を、数限りなく、あちこちの現場でしました。

確かに「ホワイトカラー業務を定型化する」という切り替え作業そのものに、かなりの工数がかかります。かつその影響が他の部門にも及ぶので、部門を超えた調整も必要になります。でもデジタルを活用した定型化が本当に重要だと考えるなら、現場に丸投げして「なんとかしろ」ではなく、トップが介入してでも実施するべきです。

以下はその一例で、当社の生産本部の中にある設計部での話です。

定型化するというトップの決断と、その成果

顧客の要望通りにカスタマイズした一品モノを作り、顧客の要望にすべて応える、というのが当社の売りのひとつなのですが、ゆえに毎回毎回、技術者がイチから図面を起こしていました。結果、技術者たちは常に長時間残業を強いられ、疲弊し、退職する者が後を絶たないのが悩み、でした。

私とUさんが「とはいえ実際には、そこに組み込める要素技術の数は決まっているのでは？　つまりモジュール化し、それらのモジュールの組み合わせで図面を起こす、という形にすることはできるのでは？」と聞くと、設計部長はそうだと言います。

「おっしゃる通りなんですが、そうしたモジュール設計に切り替えるためには、うちのエース技術者を何人か、何年間か投入しなくてはいけない。それに投入できる余力がないのです」

「とはいえ、退職者が多いことが問題なんですよね？　であれば今いるメンバーがこれ以上辞めてしまう前に、たとえ一時的に受注を減らしてでも、モジュール設計に切り替えたほうがよいのでは？」

彼の答えは「いや、当部の都合で受注を減らすわけにもいきませんし……」でした。

まあ彼の立場も分かります。モジュール設計にするには研究開発本部の支援が要りますし、販売本部にも影響が及びます。要はビジネスモデル全体での手直しが必要になるわけです。

実際、一番強硬に反対したのは、実は販売本部でした。従来のやり方であれば、営業担当はとにかくお客様の要望を100%、何でもハイハイと聞いてきて、それを設計部に丸投げするだけの〝御用聞き営業〟でよかったのです。これがモジュール設計になると、当社が提供できるモジュールの中身を理解し、どう組み合わせればお客様の要望が実現できるか？　を考えなくてはなりません。場合によってはお客様の要望を多少変えていただくという交渉が必要になることもあります。

要は「セミオーダー」であること、を売りにせざるを得ないわけですが、販売は「お客様に選ばれているのはフルカスタムであるからだ」、と強く主張しました。

結局、設計部長と生産本部長、研究開発本部長、販売本部長とT社長との議論が行われ、モジュール設計、つまりセミオーダー商品の開発に取り組むことになりました。**決め手はやはり「人手不足」**でした。「技術者不足が将来も解消される見込みはないのだから、そこがボトルネックになるビジネスモデルを続けていていいのか？」というTの言葉に、誰も反論できなかったのです。

受注量を一時的に減らすことにはなりましたが、設計技術者3人ですから、10％減くらいのものです。2年かかりましたが、セミオーダー品が品揃えに加わると、面白いことになりました。

セミオーダー品は、モジュールの組み合わせですぐに設計が終わりますし、生産工程もパターン化されているので、**出荷までのリードタイムがどんどん短く**なって、従来の3カ月から2週間に激減しました。すると営業担当が何も言わなくても、お客様のほうがセミオーダー品を選ばれるようになったのです。

しかも、その中で特定の3パターンに販売量の4割が集中していると分かったので、それらは見込み生産して即納できるようにしたところ、さらに販売が伸びました。

セミオーダー品の仕様の制約は、実際にはほとんど制約になりませんでした。ベストはこの形だけど、こっちの形でも別に支障はないから早く届くほうがいい、という選択をされることがほとんどだったのです。何のことはない、お客様に評価されていたのは実は「フルカスタム」ではなく、品質と価格のバランスだったのです。

セミオーダー品が主流になると、**生産現場も圧倒的に生産性が上がりました。**以前は経験の浅い設計技術者が「設計上は可能だけど、加工にはトンでもなく手間がかかる図面」を引いてしまうこともありましたが、セミオーダーでは加工の手間まで考えたパターンの組み合わせしかありませんから。要は**設計者と生産現場の「知恵が、設計CADに付けてある」**ようになったわけです。

さらに情報システム部のDXチームが支援してくれて、昨年からは、お客様がWEBサイトからセミオーダー品を自分で組み合わせて図面の仮作成ができるようになりました。これがさらに大好評。営業担当を呼ぶ必要がなく、24時間いつでも発注できるのですから。まだ納期照会はできないので、発注後は営業が介在しますが、今後はそこまで自動化していきたいです。

以前は、お客様と営業・設計・生産の間の認識の齟齬に起因するドタバタが頻発しており、それをなんとか捌くのが営業の仕事、みたいなところがあったのですが、これもほとんどなくなりました。

この話から、何が分かるでしょう？　**❷「部分的に定型化できる非定型」業務は大**

量にある、ということです。**設計、生産、営業。いずれも5年前は「これは人間にしかできない非定型業務だ」と言っていました。**でもトップが決断して、業務プロセスが正しくデジタル化されたら、まさに「ヒトの手間ゼロ、所要時間ゼロ、差分コストゼロ、間違いゼロ」の4ゼロで回すことができた、わけです。

なお、フルカスタム品も止めてはいません。今でも、全オーダーの2割くらいあります。これはこれで「非定型業務」として、お客様の声や業界のトレンドをキャッチしつつ、設計技術者や生産技術者のスキルの維持・向上に役立っています。結局のところ、機械やソフトウェアに「知恵を付ける」のは人間であって、その知恵が失われたらアウトですから。

でも定型業務は大幅に減りました。今では設計技術者は皆、定時帰宅しても時間があるので、研究開発と一緒に新製品や新素材の開発・テストをしたり、営業と一緒にお客様先に出てより高度なニーズのキャッチアップに務めたり、DX部門と一緒に24時間WEB発注に取り組んだりと、さまざまな非定型業務に時間を投入しています。皆、楽しそうです。もちろん退職者も大幅に減りました。

❸「非定型」業務

このような、**新規事業の創出、新製品の開発、あるいはより踏み込んだ顧客との対応**、などの非定型な業務だけが、本来ホワイトカラーにやらせてよい業務です。これに取り組む割合が増えれば、業容は拡大し、売上と利益の成長につながるはずです。したがって経営者と上級管理職は、配下にいるホワイトカラー（と自分自身）が❸「非定型」業務に時間と脳力を集中できる環境を作っていかなければなりません。

ただし、現在❶「定型」業務や❷「部分的に定型化できる非定型」業務に時間と脳力の大半を取られているホワイトカラーに、ただ❸もやれと言ったところで成果が限られるのは当たり前です。まず❶と❷を減らしてやる、つまりデジタル基盤を作って「ゲタを履かせ」、「余力を作ってやる」ことが必要です。

ドラッカーも言っています。

今の負担を軽くしてやらなければ、新しい仕事を引き受けてはもらえない。

出典：『プロフェッショナルの条件』（ピーター・F・ドラッカー、2000年、ダイヤモンド社）
https://www.amazon.co.jp/dp/4478300593/

もちろん、❶や❷をデジタル基盤に肩代わりさせるのは、簡単ではありません。先ほどの例のように、一時的には売上が減るかもしれないし、当該部門（設計）だけでなく、エンド・トゥ・エンドに影響が及びます。とくに❷をホワイトカラーから剝がすのは、社員の抵抗も大きい（販売本部長の主張のように、それが自分たちの差別化要因であり価値だと思っていることも多いので）。

しかし**❶や❷はその量が莫大である**だけに、剝がすことができれば、効果もまた非常に大きい。職種にもよりますが、ホワイトカラー全員の平均で少なくとも5割はあると見ています。そして剝がせばその分、社員は❸に自分の時間と脳力が使えるようになります。人手不足が解消します。❶と❷で忙しい、という言い訳もできなくなる。結果、売上と利益も高まり、その分、社員により高い給与を払うことができるようになるはずです。

なお❸に分類される非定型業務の中で相対的には最もやさしく、したがって最初に着手すべきなのは、「❶や❷をソフトウェア化」する、つまり「ソフトウェアに人間の知恵を付けて自働化する」という作業です。自分たちから業務を剝がす作業、とも言えますね。自分たちが熟知している業務プロセスなので、ビジネスアナリストたちと協力して進めていくには最適です。

また業務プロセスは環境変化とともに変わっていかなくてはならないので、いったん自働化が完了した後もヒトが継続的に関与することも必要です。この部分は、この後ご説明する「業務プロセス管理部」が関わっています。

中には、ほぼ定型業務しか行っていない、いわゆる「事務職」の社員も一定数います。彼ら、彼女らを「多能工化」せず、単能工のまま従事させていたことについては本当に申し訳なく思います。ですが、だからといって、この変革を進めないという話にはなりません。彼らには丁寧にリスキリングを進めています。

でも実は、❸「非定型」業務なら何でも良いというわけでもありません。**非定型でも価値のない業務もまた、莫大にある**のです。それが「グレーゾーン業務」です。

6．ヒト（意識改革）：グレーゾーン業務をやめさせる

本書6章の「莫大なグレーゾーン業務」（p189）から再掲します。

「情報収集」と「資料作成」、そのための「打ち合わせ・会議」とその「日程調整」、その前の「合意形成（≒根回し）」やその後の「議事録づくり」、業務上の「報告・連絡・相談」、あらゆる「メールを書くこと・読むこと」、といったホワイトカラー業務の大半は、グレーゾーン業務である。

もちろん、職務遂行上、絶対にやらなくてはいけない「必須」業務も一定量ある。だがその上にかなりの幅で、「社内的には意味はあるが、顧客価値という点ではほとんど意味がない」業務が積み上がっている、というのが実態ではないだろうか。

まさにこの通りです。そしてこのかなりの部分が、お客様価値のためというより、**業務プロセスが未整備**なこと、および**役員と上級管理職の「既得権益」**によって、費やされています。5章のEさん、6章のFさんの話も、まさに当社のことかと思いました。現場の疲弊感とは裏腹に、「ボーナスステージ」に居座る上級管理職……確かに当社にもいます。

5章の「一生懸命に、丁寧にやるだけではいけない」（p159）からも再掲します。

ホワイトカラーが作っている情報は〈中略〉それを作るために投入した「時間」と「価値」がほとんど比例しない。ということは、これを裏返して考えるとどうなるか？　**「価値」を大幅に高めつつ、「時間」は大幅に削減できる可能性も大いにある、**ということである。〈中略〉

ホワイトカラーに対しては、**「一生懸命に、丁寧にやるだけではいけない。成果＝利益につながるか？を常に考えながら行い、つながらない場合には時間を投入することをやめなさい」**という働かせ方をしなければならないのである。

業務プロセスの未整備については、前述の通り、定型化とＥＲＰへの落とし込みを進めています。その結果、ＥＲＰに入っている数字については「報告」せずとも、各自がダッシュボードから最新の実績を見られるようになりましたから、一歩前進です。

一方、**非定型な業務については、とにかく「グレーゾーン業務はどんどんやめよ」と言い続けるしかありません。**「根回し」にしても「ホウレンソウ」にしても、当社でも何十年も前から常識だと考えられてきましたから、「やめよ」と言ってもすぐには変りません。とくに**「上」のほうの意識が変わらないと、「下」からやめることはしに**

くい。それでも会社として言い続けることで、少しは意識が変わってきたのではないかとは感じます。

日本型雇用慣行の弊害

個人的な見解ですが、グレーゾーン業務が大量に発生する**根本原因は、突き詰めれば終身雇用と年功序列という日本型の人事制度にある**気がしています。そのために、上のほうでは実は人員が余っており、余った上位職者が余分な仕事を作り出しているのでは、と。ｐ61のドラッカーの洞察の通りです。

ちょっと考えてみれば当たり前のことです。高度成長期のように年齢分布がきれいにピラミッド型を描いていた時代ならともかく、全社員の平均年齢が40代半ばに達しているような組織において、一定の年次に達した社員を全員「部長格」のような上級管理職として処遇することなどできるはずがありません。しかもこれは、一時しのぎをしていても解決しない。現実を直視し、対処するしかないのです。

ということで当社も、いわゆる「ジョブ型」への移行を始めています。たとえばマネジメント職とスペシャリスト職が行き来できる「複線人事」です。人事制度については本題ではないのでここでは深くは触れませんが、いい話もあります。

私の業務変革本部の傘下に作った**「業務プロセス管理部」**は、全社の業務プロセスの定型化・標準化、ERPへの落とし込み、そしてそれが済んだあともその継続的なモニタリングとカイゼンを担う部署です。地味ではありますが、彼らの仕事はオペレーショナル・エクセレンスの追求そのもの。弊社の生産性を左右する重要な役割です。本書のp123にある「プロセスオフィス」と同じですね。

そこに、まさに当社でも「担当部長」という呼称でしたが、部下を持っていなかったベテランたちが異動してきて、スペシャリスト職「プロセス・マネジャー」として活躍してくれているのです。もともとその畑が長いので、業務プロセスには詳しいですし、現場メンバーとも顔がつながっています。彼らが新卒のビジネスアナリストと組んでくれ、お互いにいいコンビになっています。

ここから分かることは何でしょう？　やはり、ホワイトカラー社員がサボっているわけではない。「働かせ方」が間違っていたのです。年功序列という、個々人が頑張る意欲を失わせる人事慣行を漫然と続けてきた、経営陣がサボっていたのです。

7．データ：全体最適を見据えたカイゼン2・0への昇華を

当社がBPR 2・0に着手して5年。まだまだ道半ばではありますが、その成果は着実に表れています。

たとえば、従業員エンゲージメントについては、全社員サーベイを年に2回ずつ行い、その経年変化の傾向もダッシュボードで見える化しています。するとエンゲージメントが低下している部門はどこなのか、その原因は何にあるのか、が当該部門の管理職だけでなく、その部門の役員や社長にもよく見えてしまうので、当該部門長は直ちに手を打つようになりました。北極星の達成に向け、改善は着実に進めています。

また先月ついに製品系マスターデータの統合が完了したことで、IBP（インテグレーテッド・ビジネス・プランニング）がフルに使えるようになりました。

IBPとは、「計画」と「実績」をひとつのシステムで管理する仕組みです。**計画**のほうは、「中期（18〜24カ月）」「今年度」「今月」などすべての期間、「全社（連結）」「事業部」「国ごとの子会社」「製品ライン」などあらゆる単位の事業計画が管理されており、すべてのデータが相互に連携しています。一方**実績**のデータは、ERPから自

動的に明細レベルで供給され、ほぼリアルタイムで把握できます。

事業計画は実績と対比され、月次で「洗い替え（見直し）」されます。つまり12カ月先の計画は、1カ月経てば「11カ月先」の計画になり、12カ月経つと「今月の計画」となって、見直されていきます。

事業計画には、原材料費や為替の変動、需要や競合の動きなどの変動要素もすべて折り込まれ、これらの要素も随時更新されます。したがって為替レートの動きに伴う「ラッキー」も「アンラッキー」もありません。上ぶれも下ぶれも、「そのうち○％は為替要因ですね」と見える化されてしまうので、各部門の実力が正しく評価されます。

本社も子会社も工場も、すべての部門が、ひとつの計画とそれに対する進捗という「ひとつの事実」（ワンファクト）を見ながら仕事を進めることができるようになりました。つまり**ひとつの会社をひとつの仕組みで管理するようになった**ということです。

だいぶ、経営アルゴリズムっぽくなって来たと、思いませんか？

カイゼン2・0へ

「BPR 2・0では業務プロセスを定型化し標準化する」というと、では各部門は従来から行ってきたカイゼンはできなくなるのか？　という反応を受けることがありますが、もちろんそんなことはありません。p119の図表4・1およびp229の図表7・3が示すように、単にこれまでは「自分の見える範囲、できる範囲で」行っていたカイゼンの代わりに、**デジタル基盤から得られるエンド・トゥ・エンドのデータを見ながら、全体最適に向けて**推進していく、といういわば**「カイゼン2・0」**に発展していくというだけです。

もともとお客様志向が強いうえ、和を以て貴しとなす文化のある日本企業であれば、このカイゼン2・0への発展は実現できるはずです。

ただし、すでに見てきたように、BPR 2・0はこれまでのやり方、つまり「現場主導」「ボトムアップ任せ」「カイゼン一本足」では決して実現しません。経営者と上級管理職が意識を変え、リスクを取って、リーダーシップを発揮しなくてはならないのです。

ご清聴ありがとうございました。明るい日本の未来を子供たちに引き継いでいくためにも、これからもご一緒に、前進していきましょう！

――◇――

ニッポンの未来を創る、現在のそして未来を担うリーダーたちへ

さて本書の総まとめの7章、いかがだっただろうか。

おさらいすると日本型BPR 2・0は、以下7要素から成るフレームワークである。

（1）自社の全体最適視点での経営のしくみが時代遅れになっている・今後何もしなければそうなっていく、と認識し、（2）北極星を定め、（3）組織、（4）システム、（5）プロセス／ルール、（6）人、（7）データの五位一体で変革していく。

2000年前後に一世を風靡したBPRは、実際には当初からこの7要素を含んでいた。だが当時の日本企業の経営者が、それを（4）システムの話だと狭く捉えてしまったために、正しく機能しなかっただけだ。

本来は名前の通り、「ビジネス・プロセス」つまり（5）が中核だが、それを「リエンジニアリング」しようと思えば組織・システム・人・データも同時に変えていく必要がある。5つの要素をバラバラにしないためには、北極星という明確な経営目標を示す必要がある。デジタル生産性革命の時代に、自社を時代遅れにしないために。経

営者としては当たり前のことばかりだ。

ただし、日本はダメだ、日本企業のやり方は間違っている、日本企業は時代遅れだ、といった短絡的に将来を悲観する論調には、筆者は一切賛同しない。

本書で示した通り、日本にはカイゼンやトヨタ生産方式などの素晴らしい手法や文化があり、それらは海外でも多く参考にされてきている。現在でも日本式の経営手法を参考にしているグローバル企業は多くある。

人手不足は、「ヒトの現場力」に過度に依存した経営を根本的に見直す大きなチャンスだ。避けようがない労働人口の減少に対して、どの経営者も「少人化」を念頭に、ヒトの労働量に依存しない経営モデル・成長モデルを築く必要があるからだ。

今後、カイゼンやトヨタ生産方式のアプローチをホワイトカラー業務に拡大し、「定型化」できる業務を見出し、デジタルの特性を活かした全体最適視点のプロセス変革とデジタル基盤の構築を行えば、もともと世界最強である**「現場力」と「全体最適」との融合**も実現できる。

重要なことは、全体最適の視点で市場や時代を捉え、デジタルとフィジカルの本質を理解した上で、全体最適の変革＝ＢＰＲ２・０を五位一体で進めることである。

日本企業はかつて、ヒトの現場力という、世界から見れば極めてユニークな経営資源を軸足として奇跡の経済成長を果たしていた。その成功体験からすれば、25年前にＢＰＲという新しい波や、デジタル革命の本質に気づくことができなかったことはやむを得なかったとも思える。

しかし、もう気付いてよいころだ。現場力「だけ」では勝てなくなってから、もう25年が失われている。経営陣は今こそ、やるべきことをやらなければならない。やるべきことは、本書で明確になったはずだ。やれないのであれば、やれるという若い力に委ねるべきだ。

本書の気づきを通じて、ひとりでも多くの経営者（そして政治家、首長、官僚、学校長）が、部下たちに対する自身の責任に気づいて、日本型ＢＰＲ２・０に着手し、生産性が高く、残業は少なく、給与は高く、人間性が尊重されて一人ひとりが生き生きと働き、活躍することができる会社・組織・社会を実現していっていただくことを切に願う。

「やめていい」と言えるのは責任者だけなのだ。
そして「共に変えていこう」と行動し実行できるのは、未来を担うあなた自身なのだ。

筆者あとがき——日本企業で働くすべての方に

1年強にわたった本書の執筆期間（だいたい平日朝4時〜7時＋休日）を通じて、私を駆動していたのは、「怒り」と「希望」が入り混じった感覚でした。

もし読者のみなさんが、本書のどこかに共感くださったとしたら、それは「怒り」なのではないでしょうか。「そうそう、これってどういうこと？　おかしくない？」と。ブルーカラーは少人化させるのに、なぜホワイトカラーはそうしないのか？「人手不足」と言いますが、バケツリレーだのスタンプラリーだのやっていたら、足りなくなるのも当たり前ですよね。「最後は人」と言いながら、実は「最初から最後まで人」になっていないでしょうか。本当に今のやり方って正しいんですか？　このルールって何の役に立っているのですか？　仕事のさせ方が間違っているのでは？

あげくの果てが「安いニッポン」です。体感としては、日本の物価は欧米諸国の半分。コロナ明けとともにインバウンド観光客がドッと押し寄せてくださったのも道理です。こんなに安全で美しくて食べ物のおいしい旅行先が、コスト的には半額なんですから。

日本人は変わらず一生懸命に働いているのに、「貧しいニッポン」とはどういうことか？　みなさん、もっと怒って当然だと思います。

私たちは「COO養成塾」という、日本企業の次世代経営幹部のみなさんと共に学び合う場を運営しています。「グローバル企業が自社をどのように運営し、かつ変革してきているのか」の具体的なケースを叩き台に、ディスカッションを通じて、自社における日本型BPR 2・0実践の具体像を見極めていっていただく、という塾です。

一期あたり3ヶ月、隔週土曜日×6回、という過酷なスケジュールにも関わらず、現在第10期まで回を重ね、45社のCEOから派遣された78人の方が修了なさっています。

そこでの対話を通じて痛感したのは、「デジタル基盤が会社の屋台骨として備わり、定型業務は〝4ゼロ〟で回り、ホワイトカラーは非定型業務にフォーカスする」という、海外企業ではもはや常識となっている状況が、日本ではまったく当たり前ではないのだ、という現実です。

塾の他にも、多くのお客様とのやりとりを通じて、日本企業の現在の状況がリアルに見え、それをどうしたら克服できるのかの道筋も見えて、本書の骨格ができてきました。

一方でｐ266に記したような大きな「希望」もあります。日本はこれだけホワイトカラーの時間と脳力を浪費しながら、なお、ギリギリ、経済大国のポジションにいます。人口減と人手不足はチャンスです。放っておいても「少人化」してしまうのですから。これを古いやり方をやめるキッカケにして、新しいやり方に乗り換え、生産性を劇的に向上させましょう。

日本がやれないはずがありません、諸外国ではとっくにやっているのですから。

そしてこれらがより多くの企業で実践されていけば、日本は**「最強の現場力×最強の全体最適力」のハイブリッド**で、新たな成長サイクルに入っていくでしょう。

こうした考察をベースに、さらに多くのお客様・同僚・友人からの助言や気づきを得て、本書は完成しました。いただいた数々の気づきとフィードバックに心からの感謝を申し上げます。私ひとりでは決してここまで来られませんでした。とくに同僚の谷口潤には、事実上の共著者と言っても過言ではないくらい、助けてもらいました。

また本書の執筆・編集にあたっては、プレジデント社の金久保徹氏、浦野喬氏にご尽力をいただきました。誠にありがとうございました。

最後にみなさんにお願いがあります。本書を読み終わったら、周りの方、とくに「上」の方に回してください。そしてその方と一緒に、何がおかしいのか、考えてみてください。

怒りと希望、この2つの気づきをみなさん――新入社員から経営者まで――が共有し、「これっておかしいですよね？　変えましょうよ」とアクションを取り始めれば、日本は必ず変わっていくと、私は確信しています。

みなさん、一緒にやりましょう。

SAPジャパン　村田聡一郎

※本書の感想をぜひお寄せください
BPR2.0@sap.com

ホワイトカラーの生産性はなぜ低いのか
日本型BPR 2.0

2024年5月22日　第1刷発行
2024年12月7日　第4刷発行

著者　村田聡一郎
発行者　鈴木勝彦
発行所　株式会社プレジデント社
〒102-8641
東京都千代田区平河町2-16-1 平河町森タワー13階
https://www.president.co.jp/　https://presidentstore.jp/
電話　編集 03-3237-3733
　　　販売 03-3237-3731
販売　高橋 徹、川井田美景、森田 巌、末吉秀樹

装丁　鈴木美里
組版　清水絵理子
校正　株式会社ヴェリタ
制作　関 結香
編集　金久保 徹、浦野 喬

印刷・製本　大日本印刷株式会社

本書に掲載した画像の一部は、
Shutterstock.comのライセンス許諾により使用しています。

ISBN978-4-8334-5245-8
Printed in Japan
落丁・乱丁本はお取り替えいたします。